AF469547

MARIE-CLOTILDE

(1908-1918)

Souvenirs d'une Mère

Dédiés au cher Papa, privé pendant quatre ans de son admirable enfant,
pour le service de la France.

Préface de S. G. Mgr JULIEN
Évêque d'Arras

APOSTOLAT DE LA PRIÈRE

TOULOUSE

9, Rue Montplaisir, 9

1926

MARIE-CLOTILDE

MARIE-CLOTILDE

A LA PROCESSION DE LA FÊTE-DIEU

Juin 1914

MARIE-CLOTILDE

(1908-1918)

Souvenirs d'une Mère

Dédiés au cher Papa, privé pendant quatre ans de son admirable enfant,
pour le service de la France.

Préface de S. G. Mgr JULIEN
Évêque d'Arras

APOSTOLAT DE LA PRIÈRE
TOULOUSE
9, Rue Montplaisir, 9
—
1926

Imprimatur :

Toulouse, le 24 Novembre 1926.

J. DELIES, v. g.

MADAME,

J'ai lu avec un vif intérêt les *Souvenirs d'une Mère*.

Vous avez voulu nous donner, dans ces quelques pages, ce que vous appelez « l'histoire d'une âme », celle de votre enfant. Mais, c'est aussi la vôtre qui se devine malgré vous dans votre récit, et vos lecteurs vous en sauront gré.

Vous avez donc consenti à entr'ouvrir le jardin clos de votre foyer et à ne pas garder pour vous seule le parfum de votre « petite fleur ». Je vous en félicite.

Ce n'est pas que votre affection maternelle vous aveugle sur les défauts de MARIE-CLOTILDE. Mais vous citez d'elle des mots d'enfants qui en disent long sur son intelligence précoce des choses de Dieu : cette prière, par exemple, qu'elle fit après la Sainte Communion, peu de temps avant sa mort : « J'ai demandé au petit Jésus de rester toujours petite dans mon cœur » ; ou cette exclamation affectueuse adressée à l'une de ses tantes, en l'absence de sa mère malade : « Tu es un peu de Maman » ; ou cette réponse que, vers l'âge de cinq ans elle donnait à sa grand'mère, étonnée de la sûreté de son coup d'œil : « C'est Dieu qui a mis du clair dans mes yeux. »

Oui, c'est Dieu qui avait mis du clair, non seulement dans ses yeux, mais dans l'esprit et le cœur de votre fille. C'est lui seul qui a pu lui inspirer dans un âge si tendre et dans des circonstances si tragiques, le courage de suivre sa mère dans une ville bombardée et, plus tard celui de la quitter sans pleurer.

J'admire la raison pour laquelle elle ne se fâche pas contre son petit frère : « Maman m'a dit qu'il fallait toujours céder à Jojo parce qu'il est petit ».

Son âme est si candide qu'elle ne comprend pas ce qu'on lui dit au catéchisme : qu'il y avait des gens qui font des péchés exprès : « Moi, Maman, quand je fais des péchés, c'est que je n'y pense pas. Si j'y pensais, tu comprends bien, je n'en ferais jamais ».

Je ne suis pas étonné après cela, qu'en elle se vérifie la parole de l'Évangile : *Revelasti ea parvulis*. Marie-Clotilde ne vous a-t-elle pas confié un jour que le petit Jésus lui disait quelquefois des secrets ? « Il ne parle pas comme toi, vous disait-elle, mais je le comprends tout de même. » C'est que, prévenue par la grâce, elle avait communié pour la première fois à cinq ans et avait reçu la Confirmation quelques mois après : l'Esprit-Saint s'était chargé d'être pour elle ce Maître intérieur sans lequel tous les autres travaillent à peu près en vain.

Mais, il me semble, Madame, que dans ces pages, à la fois fortes et charmantes, c'est votre âme qui se découvre, autant et plus que celle de votre fille.

Je serai heureux de voir votre opuscule aux mains de toutes les mères chrétiennes. Elles y apprendront, entre autres choses, la sainteté de leurs fonctions au cours de ce que vous appelez « l'Avent Maternel » : l'importance de la formation morale dès le plus jeune âge, le danger du retard apporté au baptême, l'influence de la bénédiction du père et de la mère, et surtout ce que peuvent ces trois forces conjuguées : une éducation fortement chrétienne, la communion précoce et fréquente, une dévotion filiale envers la sainte Vierge.

Vous vous êtes demandé, Madame, si cette modeste biographie était capable de procurer à Dieu un peu de gloire, de donner à Jésus de la joie et d'amener un sourire aux lèvres de la douce Vierge.

Oui, Madame, ces pages alertes, tour à tour élevées, pittoresques, émouvantes, éclaireront bien des âmes et toucheront bien des cœurs. Et ce sera votre récompense qu'en égrenant simplement vos souvenirs, vous fassiez par surcroît œuvre d'apostolat.

Je bénis paternellement le livre et l'auteur·

† Eugène - Louis,
Évêque d'Arras.

Avant-Propos

« On dit tout à sa Maman, mais
« rien qu'à sa Maman. »
(Parole de MARIE-CLOTILDE.)

*La bouche parle de l'abondance du cœur... Mon cœur
était plein d'elle, et j'avais parlé comme une mère
parle de son enfant, dans l'intimité d'un groupe d'an-
ciennes élèves du Sacré-Cœur. Surprise moi-même des
richesses que je venais d'étaler, lisant dans les regards
attendris, l'étonnement et peut-être un peu d'admiration,
j'ajoutai dans le silence recueilli qui, maintenant, nous
enveloppait : « J'ai eu l'idée de noter ces souvenirs! »
— « Oh! oui, faites cela... » Et comme répondant à je
ne sais quelle pudeur craintive que je laissai transparaî-
tre devant la délicatesse de cette tâche, l'une d'elle
ajouta : « Pour la gloire de Dieu! »*

*La gloire de Dieu!... Quoi, cette fleur d'un jour, cueil-
lie dans le jardin clos de notre modeste foyer, elle
pourrait être féconde?... Elle pourrait donner à Dieu
un peu de gloire, à Jésus de la joie, et amener un sourire aux lèvres de la douce Vierge! Elle pourrait éclairer des âmes, faire germer des Hosties... Petite fiancée
du Christ, elle pourrait revendiquer la fécondité des
Epouses, et devenir Apôtre?...*

*Et moi, sa mère, je refuserais d'être l'instrument de
cette mission?... Non, car l'humble enfant qui, la veille
de sa mort se plaignait qu'on eût trahi le Secret du Roi,
semble me dire :*

*« Ne tremble pas de révéler ce que tu sais de ta
« petite ». Comme Jésus autrefois à son Père, aujour-
« d'hui je te dis : « Mère, l'heure est venue de glori-
« fier ton enfant, ou plutôt de glorifier en elle, Celui
« à qui seul revient toute louange et toute gloire! »*

A Marie!

C'est à vous, ô Marie, que j'adresse mon premier mot, que je murmure ma première prière en commençant ce récit, car mon âme est singulièrement émue et ma main tremble au moment de soulever le voile qui cache l'âme exquise de cette enfant de dix ans.

O Marie, vous la connaissez bien, cette douce violette que vous êtes venue cueillir au dernier jour du mois de mai; ne montait-il pas sans cesse vers vous, le parfum de ses « Ave »?

Vous l'aviez cultivé, ce fruit délicieux, mûri aux sombres rayons de la souffrance, et dont la chair innocente palpitait encore du baiser de Jésus.

Vous l'aviez pétrie, cette humble Hostie, que vous avez voulu déposer à côté de la Grande Victime sur l'autel du Ciel, à l'aurore de la Fête-Dieu!

O Marie, vous savez aussi ce qu'est le cœur déchiré des mères, devant la dépouille inanimée de leur enfant... Et, Vierge sacerdotale, en compatissant à leurs larmes, vous leur donnez la force d'unir leur sacrifice au vôtre et de l'offrir à Dieu, en union avec Jésus, dans la Messe éternelle du Ciel!

MAGNIFICAT ANIMA MEA DOMINUM!

CHAPITRE PREMIER

Une bonne terre...

« Sursum corda ». — Naissance. — Premier Signe de Croix. — Baptême. — Consécration à la Sainte Vierge.

« O Maman, je remercie souvent
« le Bon Dieu de m'avoir donné
« des parents bien chrétiens. »

(Parole de M.-CLOTILDE, 1917.)

Qu'on ne s'attende pas à trouver ici l'histoire extraordinaire d'une enfant visiblement prédestinée; Marie-Clotilde ne fut jamais marquée d'un signe extérieur de la prédilection divine. Elle eut ses défauts très réels, très apparents, parfois désagréables et gênants, et je n'oserais pas affirmer qu'à sa mort tous étaient corrigés. Mais je ne crains pas de dire que ses efforts sur certains points furent poussés jusqu'à l'héroïsme : des témoignages même étrangers en font foi. Son obéissance, portée à un degré rare de perfection, sa résignation dans l'épreuve, son esprit de foi, son amour de Jésus-Hostie et de la très Sainte-Vierge furent certainement bien au-dessus de la vertu moyenne des enfants de son âge. Quoiqu'il en soit, je voudrais montrer ici ce que peut la grâce divine aidée de l'éducation chrétienne reçue au foyer; ce que peuvent, même dans des enfants très jeunes, la dévotion toute filiale envers la Sainte Vierge, les aperçus, mis à leur portée, des dogmes les plus profonds de notre religion, et, par-dessus tout, l'action obscure, mais très efficace, de la Communion précoce et fréquente.

C'est à cette triple source que la chère enfant, bien douée sans doute, mais sans rien d'extraordinaire, puisa cette intensité de vie intérieure que nul, parmi ses plus proches, ne soupçonna avant sa mort.

Le lecteur me pardonnera de taire tout nom de personne, de famille ou de lieu qui pourrait gêner les nombreux parents et amis dont, hier encore, cette enfant faisait l'espérance et la joie.

Aussi bien ce n'est ni une généalogie ni une histoire humaine qu'on trouvera dans ces pages, mais l'histoire d'une âme, et les âmes n'ont ici-bas ni leur véritable nom, ni leur véritable demeure. C'est donc au-dessus de la terre que nous monterons pour respirer le parfum de cette fleur eucharistique et mariale, cueillie par son Ange pour orner le Ciel où nous aimerons à la contempler et, peut-être, dans l'intime de nos cœurs, à l'invoquer.

Elle naquit dans une petite ville de Seine-et-Oise, le 8 janvier 1908. Nous avions beaucoup désiré un garçon : caprice de jeunes époux. Le Ciel nous donna une fille, et nous fûmes vite consolés. Je vois encore son petit minois tout joliet quand on me l'apporta pour ce premier baiser dans lequel, nous, mères, nous mettons tant d'amour !

Elle ressemblait à son père ; je n'en fus pas jalouse : il était si heureux !

Mais il comprit aussitôt la grandeur de son rôle paternel et, tandis qu'il tenait un peu maladroitement le paquet emmaillotté qu'on venait de lui confier, il contempla d'un long regard cet être frêle, cette petite tête éclairée de deux yeux très vagues et ces menottes agitées sans cesse d'un mouvement inconscient. Puis, soudain, prenant dans sa grande main cette toute petite menotte, avec une simplicité sublime, il la fit doucement monter jusqu'au front et redescendre à la poitrine... traçant sur son enfant le premier Signe de la Croix !...

Oh ! qu'il me parut grand, ce père chrétien, dans ce geste à la fois si naturel et si beau ! Qu'il dût être fécond ce premier signe du chrétien, marquant, même avant le baptême, notre volonté de faire, avant tout, de cette enfant, l'enfant de Dieu !

Cependant, une ombre qui me reste à la fois comme un chagrin et un remords, vint voiler un instant cette joie : le baptême fut différé pour attendre le parrain ! (Triste usage qui tend heureusement à disparaître) et n'eût lieu que plusieurs semaines après, le 13 février, tout endeuillé par la mort d'une de mes sœurs. Mais quelle joie, quand je vis enfin l'eau sainte couler sur le front de l'enfant et quel amour dans le baiser que je glissai furtivement à ma petite « chrétienne », en lui remettant son bonnet blanc !

Je voulus confier spécialement à Marie celle qui lui appartenait déjà par son premier nom.

Ce fut le 25 mars, en la fête de l'Annonciation, que le bon prêtre qui avait béni notre union, la consacra à la douce reine des cœurs. Sans doute Marie dut sourire à ce don et en prendre possession avec une plénitude que je ne soupçonnais pas alors. L'avenir devait révéler quelle serait la fécondité de cette terre cultivée par Elle !

Détail à noter : depuis plusieurs générations dans la famille de mon mari comme dans la mienne, tous les enfants, filles et garçons, portent le nom de Marie. La Sainte Vierge est bien vraiment la Souveraine accréditée de nos familles.

C'est Elle sans doute qui nous sauva d'un danger imminent. Quelques jours après la naissance de Marie-Clotilde, par suite du mauvais tirage de la cheminée, une émanation de gaz se répandit dans l'appartement. Le berceau de la mignonne était près de mon lit, à quelques mètres du foyer de mort. Seules, nous n'en fûmes pas incommodées; mais je compris alors la terrible responsabilité qui pesait sur nous pour avoir retardé le baptême de notre enfant. Que cet exemple, qui aurait pu avoir des conséquences si graves, serve de leçon aux parents chrétiens et que jamais ils ne prolongent — sous aucun prétexte — l'emprise de Satan et la souillure du péché dans l'âme de leurs petits enfants.

CHAPITRE II

Le douloureux sillon.

**Premières années. — Premières souffrances. —
Mort de son petit frère et de sa sœur Marie-
Christine. — Union d'âmes.**

> « Il ne faut pas pleurer Zinou.
> « Elle est au Ciel ! Elle est heu-
> « reuse ! Elle est avec le Petit
> « Jésus. »
>
> (Marie-Clotilde, l'avant-veille
> de sa mort.)

La courte vie de la chère enfant fut étrange-
ment bouleversée : deuils, multiples changements de résidence; plus tard la guerre, l'absence du cher papa, l'horreur des bombardements, la tristesse des séparations et de l'exil;
les mille souffrances des réfugiés... Elle connût
tout cela dans l'espace de dix ans, et mûrie par la
douleur, elle portait dans son regard et dans tout
son être ce quelque chose de réfléchi, de doux,
de résigné que donne le malheur.

Son premier sourire se fit désirer; elle ne l'es-
quissa qu'à deux mois et en paraissait avare.
« Elle sera sérieuse », disait-on. Son premier mot
fut papa! A onze mois elle marcha seule, puis
s'arrêta. J'eus alors recours à la pieuse coutume
de faire réciter sur elle les Evangiles, mais ce ne

fut que vers dix-sept mois qu'elle reprit son aplomb et continua, sans aide, un beau soir de juin, la partie de cache-cache commencée avec sa bonne.

Quelques jours après, une petite sœur venait prendre sa place dans le berceau. Instruite par l'expérience et autorisée par des circonstances spéciales, je la fis ondoyer dès le lendemain sous le nom de Marie-Christine.

Loin d'être jalouse de la nouvelle venue, la grande sœur lui fit fête. Jusque-là, rien de plus facile que notre petite aînée. Naturellement calme, elle s'amusait d'un rien pendant des heures, se montrait sage la nuit comme le jour, mais avec une tendance qui restera à peu près son unique défaut : elle était lente, désespérément lente !... N'était-ce pas l'excès d'une qualité d'ordre et de soin très caractéristique et bien rare dans un âge aussi tendre? Elle manifestait une horreur instinctive pour la souffrance et il était plaisant de la voir, avant de s'asseoir, s'assurer longuement que le siège était bien en équilibre.

Nous habitions alors sur les bords de la Seine. Un fléau terrible devait nous y atteindre : les inondations de 1910, dont Marie-Clotilde, malgré son jeune âge garda le souvenir.

A la fin de cette même année, la famille s'augmenta d'un petit frère ardemment désiré; sa naissance fut un sujet de grande joie, mais de crainte aussi; il était si menu, si frêle, que la grande sœur (qui n'avait pas trois ans) disait ingénûment : « Il est grand comme Jeannette! » (sa poupée préférée). Hélas! ce petit frère qu'elle aimait regarder de tout près et bercer au besoin, cette ravissante petite sœur mutine autant que belle, ne furent que des anges prêtés à la terre, pour nous rappeler que le Ciel est la seule demeure stable à laquelle nous devions aspirer.

En trois jours, une maladie impitoyable fauchait le mignon petit frère et, deux mois après, une chute mortelle nous enlevait l'enfant de vingt mois si pleine de vie, qui, peu d'heures auparavant, gazouillait avec les oiseaux.

Parés de blancheur, sur leur lit funèbre, les mains croisées, tenant le blanc chapelet, les yeux mi-clos ainsi qu'en un paisible sommeil, ils étaient beaux, les chers petits, de la beauté même de Celui qui fait la joie des Anges et le sourire des élus!

Je voulus que notre petite Marie-Clotilde se souvint d'eux. Elle contempla sans trop comprendre le berceau où reposait le petit Louis. Mais quand deux mois après, je dus lui dire que le petit Jésus avait emmené aussi la jolie petite « Zinou », dans son sourire étonné et un peu triste, il y avait comme le pressentiment d'un mystère. Elle entra dans la chambre avec une curiosité respectueuse, puis tout bas : « Oh! Maman, on dirait qu'elle dort, Zinou! »... Il y eut autour d'elle des larmes, des allées et venues... on lui mit une robe de deuil et de temps en temps elle vint avec moi visiter le « Jardin où le petit Jésus venait, lui disais-je, jouer avec Zinou et le Petit Louis ». A tort ou à raison, je n'avais pas voulu lui révéler l'humiliation de la tombe, mais lui laisser la douceur mystérieuse de la formule adoptée : « Ils sont au Ciel, chez le Bon Dieu. »

Cependant elle comprit que jamais elle ne les reverrait ici-bas, et son cœur en souffrait. L'austère sillon de la douleur creusait déjà cette âme d'enfant.

Toute la tendresse de mon cœur broyé par des coups si rapides, se reporta sur la chère petite. Je voulus vivre plus près d'elle et la garder bien à moi. Sous cette froideur apparente, je voulais découvrir l'étincelle cachée, ou la provoquer, si vraiment il y avait manque de cœur... L'instinct des mères se trompe rarement; cette froideur n'était que timidité craintive; cette réserve, qu'excès de pudeur dans les sentiments... Ce ne fut pas une étincelle, mais un foyer qui s'alluma dans ce cœur avec des nuances de délicatesse exquises. C'était le champ fertile que la neige recouvre pour un temps, mais qui renaît splendide au premier soleil de printemps.

A vivre ainsi plus près l'une de l'autre, nos âmes se comprirent et des liens se créèrent plus puissants que ceux de la nature; les souffrances de la guerre supportées ensemble, les rendirent plus forts encore, de sorte qu'à l'heure suprême du sacrifice, je pouvais dire qu'elle était non-seulement « la chair de ma chair », mais « l'âme de mon âme ».

Je ne me voyais pas dans la vie sans elle...
Dieu le voulait pourtant !

CHAPITRE III

—

A propos des semailles.

Aux mères. — « Nisi granum frumenti ». — Eclosion. — Jésus-Hostie. — Défauts naissants. — Des principes! — Il faut céder. — Premier mensonge. — Avec les pauvres.

L'éducation n'est pas l'œuvre d'un jour ni d'une époque de la vie; c'est un travail d'infiltration, une montée de sève... Ah! si nous comprenions!... L'éducation commence dès cet instant où Dieu, nous appelant à son aide pour former sa créature, consacre la mère comme un temple. Là, pendant de longs mois, il confie à sa sollicitude ce principe de vie émané de son souffle qui s'appelle l'âme humaine! Peut-être avec une certaine envie, nous sommes-nous arrêtées au bonheur de la Vierge portant le Verbe de Dieu devenu sa propre chair. Mères chrétiennes, nous participons en quelque sorte à cette grandeur. Jésus est la tête divinement belle d'un corps mystique dont nous sommes tous les membres. L'enfant que nous portons souillé du péché originel, n'est pas encore effectivement membre du Christ... Mais il est destiné à cette fin, il est créé en vue de ce rôle; tout en lui possède l'aptitude à le devenir. Dieu ne nous le donne que pour cela et c'est à nous qu'incombe le devoir de développer cette aptitude, de préparer à ce rôle, d'aider à cette fin. Une mère qui porte son enfant devrait être dans une retraite perpétuelle. Vous souriez, peut-être. — J'ajoute que je me trouvais deux fois coupable des fautes commises durant cet avent maternel, coupable pour moi-même et coupable vis-à-vis de l'enfant qui, recevant de moi d'incessants accroissements de vie physique et morale, en subissait fatalement les diminutions... Or, le péché est une diminution de vie! — Vous vous étonnez; et cependant la plus élémentaire science nous enseigne à quel point l'enfant dépend de sa mère dans les premiers mois de son existence... Physiquement, il se ressent de sa nourriture, de ses fatigues. Moralement, il a le contre coup de ses émotions, de ses frayeurs, parfois même de ses désirs... Et cet enfant, qui est âme et corps, ne ressentirait pas dans son âme les effets bienfaisants ou malfaisants de la vertu ou du vice, de la sainteté ou de l'indifférence de sa mère?... Trop d'exemples, hélas! sont là pour souligner et confirmer ce fait d'expérience... Et voilà pourquoi l'éducation commence à l'heure où commence la maternité. A cause de nos enfants et pour eux, nous devons nous surveiller, nous corriger, nous vaincre, nous sanctifier!... Nous devons prier, beaucoup prier... Nous devons surtout communier. Oh! ces communions des Mères! Quel sublime mystère! Ne sommes-nous pas un peu le canal de Jésus... Par nous, il va rayonner sur cette âme encore endormie dans un corps informe... Au contact de sa chair virginale, nous allons transmettre à cette chair en travail les germes de pureté et de sainteté que le baptême fera éclore demain... Par nous, il va préparer cette intelligence aux lumières de la foi, cette volonté aux énergies de la vertu, ce cœur surtout aux transformations de l'Amour divin. Qu'il est grand, qu'il est doux, qu'il est enviable et consolant, notre rôle de Mères !

Mais voici l'être chéri qui apparaît... Son regard vague se promène étonné sur tout ce qui l'entoure. Ses petites mains se tendent vers l'objet qui le captive. Peu à peu la vie s'éveille...

Il reconnaît le sein maternel, le désire, l'appelle par ses cris; plus tard il lui sourira, le caressera; ses gazouillements se feront plus nets; sa volonté exprimera des désirs inconscients, mais formels, tenaces, parfois tyranniques... L'éducation doit se continuer, maternelle, suave, tendre, oh! oui, rien de plus légitime : les caresses, les baisers, les tendresses des mères sont la sauvegarde de l'homme futur contre les jouissances malsaines... Education sans faiblesse cependant, qui sache tenir la main ferme pour les habitudes à prendre ou à réformer... Education chrétienne surtout! Déjà? me direz-vous? Oui, déjà... A cette petite main qui nous cherche, apprenons le signe de la croix; à ce regard distrait qui se pose à l'aventure, montrons les images gracieuses du petit Jésus avec la Vierge Mère, de saint Joseph, de l'Ange Gardien, l'image si touchante de Jésus crucifié. Ce sont nos portraits de famille; qu'ils deviennent familiers à nos enfants !

A cette oreille qui nous écoute, chantons les pieux cantiques qui nous ont bercés. Sans doute, c'est le fait de quelques privilégiés de prononcer avant tout autre le nom de Jésus ou de Marie. Tout naturellement, l'enfant murmure d'abord : « Papa ! Maman ! » Mais très vite il s'essayera à prononcer d'autres mots... Que ce soient les mots de sa petite prière du matin et du soir.

Une brave bretonne que j'avais auprès de moi, avait appris à Marie-Clotilde, encore au berceau, une formule bien caractéristique, et qui me plut tant qu'elle restera la première prière de tous mes enfants. Prenant les deux mains de la chère petite en les frappant ensemble comme pour applaudir, elle lui faisait dire : « Jésus, Marie, Joseph, Jossé (Joachim en breton), Anna, Anna, Anna (la patronne vénérée de la Bretagne) ; Au nom du Père et du Fils et du Saint-Esprit. » C'était tout... C'était beaucoup. L'enfant d'elle-même avec un rire joyeux s'apprêtait à battre des mains et ne tardait pas à prononcer toute seule la naïve formule. Elle y voyait presque un jeu... Qu'importe? Ce jeu répété matin et soir, au lever et au coucher, lui donnait des habitudes chrétiennes.

Telle est la fécondité de ces semailles de la première heure. Quelle responsabilité pour nous, mères, si nous nous dérobons à notre devoir! Mais quelles espérances si nous y sommes fidèles; car de ces semailles naîtront les moissons futures.

Après cette toute première éducation faite de mille détails particuliers à chaque enfant et à chaque milieu, vient l'éducation proprement dite. L'intelligence est éveillée; déjà se dessine le caractère de l'enfant; c'est le moment plus que jamais de prier, d'étudier. Il ne s'agit pas en effet, de couler dans un moule une pâte malléable, de faire de nos enfants des copies plus ou moins heureuses de nous-mêmes! Chaque être a sa personnalité. Il faut la respecter, non la changer; la développer, non l'étouffer; la rectifier, non la détruire. Il faut, en un mot, l'élever et la conduire à son plein épanouissement. Un jour, l'enfant nous échappera, notre tâche sera finie... Mais comme l'oiseau, qui apprit à son petit à diriger son vol, le voit sans crainte prendre son essor vers l'azur, ainsi, d'un œil calme, nous suivrons du regard notre enfant s'élançant dans la vie... Quels que soient les écueils qui l'attendent, son âme sera forte; nous lui avons appris à les affronter et à les vaincre.

Chez Marie-Clotilde, l'éveil fut précoce. Son naturel tranquille, joint à une intelligence vive et réfléchie, son rôle de grande sœur qui avant trois ans la faisait l'aînée de trois, la sortiront trop jeune de l'atmosphère enfantine où se meuvent les enfants de cet âge. Tout naturellement, on se montrait plus exigeant pour elle, sans se rendre compte que si les autres étaient tout petits, elle n'était pas encore bien grande...

Volontiers, du reste, elle se prêtait à ce rôle de petite maman et, grande fut sa joie lorsque, remplaçant les deux disparus, un petit frère vint ranimer le berceau délaissé et le foyer désert. Avec quelle tendresse elle aidait à la toilette du cher bébé, le berçant, lui souriant, cherchant à l'amuser et à le faire rire. Elle aimait à embrasser ses petits pieds et ses mains potelées, et cette affection quasi maternelle lui inspirera plus tard un dévouement et une abnégation bien au-dessus de son âge.

La pieuse grand-mère aimait à avoir sa petite-fille avec elle, soit pour aller à l'église, soit pour l'entretenir de mille choses, tout en tirant une aiguille alerte ou s'intéressant à ses jeux. Sous cette douce influence, Marie-Clotilde apprit bien vite à connaître et à aimer les choses de la religion, et aujourd'hui, de son éternité, elle doit avoir des attentions bien particulières pour celle qui l'initia aux mystères divins. L'enfant avait bien compris que derrière la petite porte dorée du tabernacle se cache la plus sublime des réalités et que dans l'Hostie blanche qu'élève le prêtre, il y a Jésus, le « Petit Jésus », comme elle disait avec un accent indéfinissable. Moi-même, je ne manquais aucune occasion de lui parler de Jésus-Hostie, des joies de la Première Communion et bientôt elle appela ce jour de tous ses vœux.

Cette disposition à la piété fut une grande grâce pour Marie-Clotilde, car déjà s'accusaient en elle de véritables défauts : un égoïsme très prononcé, une tendance à l'entêtement, un orgueil peut-être excusable par sa facilité à réussir en tout, et son rôle trop précoce de sœur aînée qu'elle prenait au sérieux, enfin, une minutie dans les détails qui dégénérait, comme je l'ai dit, en une lenteur agaçante qu'elle accentuait parfois avec une pointe de malice.

Sur cette nature très renfermée, d'une sensibilité excessive touchant à la susceptibilité, le moindre reproche avait des effets profonds; elle n'aimait pas à se sentir en faute et redoutait les réprimandes. Plus tard, cet amour-propre fit place à la vertu. Elle me dira quelques semaines avant sa mort : « Si je pleure, maman, c'est parce que je t'ai fait de la peine. »

Pour combattre ces défauts, il fallait éviter la brusquerie, sous peine de fermer à jamais cette âme craintive et déjà trop timide. L'expérience professionnelle, l'esprit de foi, le calme et la tendresse de son père lui furent de précieux secours; et dirigée de part et d'autre par les mêmes principes, cette nature foncièrement bonne, malgré ses naissants défauts, devait s'orienter aisément vers un idéal élevé. Heureux les enfants qui bénéficient de l'union de leurs parents! Heureuses les mères qui trouvent dans le compagnon de leur existence, même foi et même idéal.

Je voulus donner à notre chère enfant une grande confiance en nous. Pour cela, il fallait mettre à la base un principe surnaturel. Les parents sont les représentants directs de Dieu; avant tout, il faut sauvegarder leur autorité par une haute idée de leur vertu; ceci n'est point de l'orgueil. Le culte des parents dispose au culte de Dieu; l'enfant qui critique les siens ne tardera pas à sourire de la religion et de ses pratiques. Ce sentiment pénétra profondément l'âme de Marie-Clotilde et plus tard, elle l'exprimera d'une façon touchante : « Quand on fait plaisir à son papa et à sa maman, on est sûr de faire plaisir au Bon Dieu. » Et encore : « Oh! ma maman, comme je t'aime!... D'abord tu ne fais jamais de péché. » Et ensuite ce mot qui passait en proverbe chez nous : « Tout ce que papa et maman disent ou font, c'est bien! »

Avec cette confiance, j'étais sûre d'atteindre au cœur même de sa vie morale. L'avenir me donna raison. Cependant, sous le vain prétexte de ne pas diminuer cette confiance, jamais nous n'acceptâmes de transiger sur les principes; et même dès le bas âge (trois ou quatre ans à peine), quelques petites circonstances nous donnèrent l'occasion de les appliquer. L'obéissance, exigée de façon absolue, lui devint presque naturelle, jusqu'à être un des traits les plus accusés de sa jeune vertu.

J'ai parlé d'entêtement. Un jour, elle avait trois ans environ, sa bonne lui présente son goûter; dans son langage enfantin, elle avait dénaturé le « s'il vous plaît » en « a-plait ». Peu importe, mais nous tenons au principe de politesse. Elle ne prétend pas ce jour-là dire la formule habituelle; tout ce qu'on veut elle le répète, mais quand on ajoute : « A plait, Mimi! » elle ne répond que par un mutisme absolu et volontaire. Pendant trois quarts d'heure, nous essayons de vaincre cet entêtement... Sans menaces, sans cris, mais par quel exercice de patience! nous eûmes le dernier mot. Une ou deux séances de ce genre, et l'entêtement disparaîtra, non comme tendance, car jusqu'au bout, elle devra se faire violence, mais comme effet. Il lui en coûtera d'obéir, mais elle obéira, d'abord parce qu'elle sait qu'on ne lui cèdera pas, puis par habitude ou par crainte, et enfin par vertu.

Elle avait environ quatre ans. Avec deux enfants de son âge, elle jouait dans le jardin. Des plates-bandes épaisses d'œillets blancs s'étalaient en bordure. Un fauteuil canné se trouvait là. Cueillir des fleurs sans permission était chose défendue... Or, nous trouvons le dossier du fauteuil orné d'œillets patiemment et régulièrement passés dans chaque trou de la paille. Quel est l'auteur du méfait. Chacun rejette la faute sur le voisin. Soudain un trait de lumière me traverse l'esprit. Les deux autres enfants sont des espiègles, des turbulents; un travail à ce point minutieux ne peut être l'œuvre que de ma petite Mademoiselle Tranquille. La chose est si habilement faite que nous avons envie de rire; mais je redeviens sérieuse pour lui faire comprendre l'horreur du mensonge qui fait pleurer Jésus. C'est toujours par le cœur que je voulais la prendre et lui faire regretter ses fautes pour la peine faite au Bon Dieu ou à ses parents, plus que pour la punition encourue. J'avais une telle horreur du mensonge que pour les encourager à m'avouer leurs torts, souvent je pratiquais le proverbe : « Faute avouée est à moitié pardonnée ». De même, je m'appliquais à ne pas gronder ni punir pour les accidents inévitables tels que vêtements déchirés, vaisselle cassée, encrier renversé... Sans doute il y a lieu d'en faire l'observation; mais trop souvent réprimandes et châtiments punissent de simples maladresses, alors que des fautes réelles comme le mensonge, la désobéissance, le manquement de respect passent inaperçus. Soyons justes, formons la conscience de nos petits. La maladresse n'est pas le péché. Que notre manière d'agir ne leur donne pas le change. Combien d'enfants redoutent plus la correction paternelle pour un tablier sali que pour un mensonge qui souille la langue et le cœur.

L'égoïsme, défaut difficile à combattre, fut pleinement vaincu. Elle arriva, la chère petite, à une perfection véritable dans le dévouement et l'oubli d'elle-même. Mais comme pour toute vertu, il fallut commencer petitement, l'habituer à partager ses friandises, à ne pas conserver les meilleures, à servir les autres avant elle-même...

Une des formes de cet égoïsme était le dégoût pour les pauvres. Très propre et ordonnée de sa personne, n'était-ce pas les haillons, l'odeur et parfois la saleté du pauvre qui l'éloignaient? Quoi qu'il en soit, cette tendance me peinait; le remède fut radical.

Faisant appel à son cœur, je lui fis voir Jésus dans le pauvre. Ce fut une lumière décisive. Le dégoût disparut et l'amour opéra à ce point la merveille qu'à peine âgée de quatre ans, elle s'apitoyait sur les enfants grouillant dans les rues misérables, et, un jour, revenant de la classe enfantine où elle passait quelques heures l'après-midi, elle me conta avec un ton de regret bien sincère : « Ah! maman, j'ai rencontré en allant en classe, un petit enfant qui n'avait pas de souliers... Une autre fois je lui dirai de venir t'en demander, tu lui en donneras, n'est-ce pas, maman? » Je dus lui expliquer qu'on ne pouvait, hélas! soulager toutes les misères et que je ne pourrais chausser tous les enfants du quartier. Comme compensation, je lui conseillai de dire une petite prière pour eux quand elle les rencontrait, et elle se montra satisfaite de cette solution. Plus tard, quand l'appel de Dieu se fera entendre, elle dira simplement : « Je veux me faire religieuse pour soigner les pauvres et les petits enfants. » Telle fut la toute première éducation de cette petite fille de quatre ans, déjà mûrie par la souffrance.

Que se passait-il, dans cette jeune intelligence qui n'ouvrait que si rarement sa porte même à ses plus proches? C'est le secret de Dieu... Un mot échappé de temps à autre accusait seul le travail qui s'opérait silencieusement. La minutie qu'elle apportait à toutes choses faisait qu'elle excellait à retrouver les objets perdus. Un jour, entre autres, qu'elle venait de terminer fructueusement une de ses recherches : « C'est que, dit-elle à sa grand'mère, mes petits yeux y voient clair. » ...et comme répondant à une question : « C'est le Bon Dieu qui a mis du clair dans mes yeux !... »

Oui, c'était le Bon Dieu qui mettait du clair dans ses yeux, du clair dans son âme et dans son cœur... C'est lui-même qui allait apporter la lumière, la chaleur et la vie aux pauvres semences de vertus jetées dans cette chère âme.

Lui-même, le Jésus du Tabernacle allait venir féconder cette terre. A nos efforts toujours limités, parfois impuissants, allait être apportée la sève puissante de l'Eucharistie.

CHAPITRE IV

La Sève.

Le Décret « Quam singulari ». — Première Communion à cinq ans. — La Préparation. — Le Baiser de Jésus. — Pentecôte d'amour.

> « J'ai demandé au Petit Jésus
> « de rester toujours petite dans
> « mon cœur. »
>
> « J'aime beaucoup le Saint-Es-
> « prit! Je me souviens bien du
> « jour de ma Confirmation. »
>
> (Paroles de Marie-Clotilde,
> 1916-17.)

Lorsque j'étais encore adolescente, une religieuse du Sacré-Cœur me parlait avec un accent inoubliable de l'efficacité de la communion précoce. « Voyez-vous, me disait-elle, quand je vois « une enfant difficile, je me dis : « Elle a besoin « de Jésus! » L'Eucharistie, c'est l'antidote du « péché... Souvent on prive les enfants de com- « munier parce qu'ils ne sont pas sages... C'est « précisément alors qu'ils en ont le plus grand « besoin... La Communion n'est pas une récom- « pense, elle est une nourriture. Comment vou- « lez-vous que l'enfant puisse vaincre sa nature « si on la laisse seule au moment où elle entre « en lutte? Comment pourra-t-elle lutter et « triompher, si on ne lui donne pas le pain qui

« fait les forts? L'Eucharistie, c'est la grande
« dompteuse des enfants terribles.. »

Nourrie de ces principes, j'éprouvai à la lecture du décret « *Quam singulari* » une joie indéfinissable... Ma chère petite Marie-Clotilde n'avait
que quatre ans, mais déjà j'entrevoyais le jour
de sa première communion... Je lui en parlais
souvent, proposant ce but à sa générosité; j'excitais ses désirs, je m'efforçais d'éclairer sa foi
par l'enseignement du catéchisme mis à sa portée; de stimuler sa jeune vertu en tirant une leçon des mille circonstances de la vie; je l'habituais aussi à faire de petits sacrifices. Le bon
Dieu bénit mes efforts. Mais il me fit acheter
par la souffrance le bonheur de lui amener ma
chère petite. Pendant de longues semaines la maladie me cloua au lit. C'est là que le Maître m'attendait pour me montrer que toute croix est efficace et que la douleur chrétienne enfante des
joies ineffables.

Durant le carême de l'année 1913, une mission
de Pères Rédemptoristes fut donnée dans toute
la ville. Je dirigeais alors un cours de jeunes
filles. Le vénéré Archiprêtre de la cathédrale vint
me voir pour me faire connaître son intention
d'organiser une cérémonie de première communion privée pour clôturer la mission des enfants.
Cette cérémonie était fixée au dimanche de la
Passion.

« Voyez, me dit-il, parmi les petits et petites
« élèves qui fréquentent le Cours, ceux qui se
« raient susceptibles de participer à cette fête ».
Et il ajoutait : « En raison de la mission, nous y
« admettrions des enfants plus jeunes que l'âge
« habituel. »

Je lui indiquai quelques pieuses familles dont le consentement pourrait aisément s'obtenir. — Le décret ne datait que de deux ans et demi, et bien des parents attachés à de vieilles habitudes, se montraient réfractaires à la communion précoce des enfants. On mettait en avant l'impression plus forte laissée dans le souvenir par les fêtes d'autrefois; l'étourderie des enfants : « Ils « ne comprennent pas ! » A une mère qui me disait cela, je répondis : « Et nous, comprenons- « nous? — Mais c'est dans quinze jours, huit « jours et il n'a pas l'air d'y penser... — Et « nous? quinze jours, huit jours, la veille même « de nos communions, y pensons-nous toujours? « Pourquoi être plus sévère pour ces innocents « que pour nous-mêmes. Ils apportent du moins « à Jésus toute la fraîcheur de leur pureté; pou- « vons-nous en dire autant? Trouvait-il toujours « cela, dans des cœurs de douze ans? »

J'avais énuméré les quelques enfants que je pouvais avoir en vue... Et soudain, poussée par la grâce, et un peu timidement : « Il y en a bien une, Monsieur l'Archiprêtre, qui serait très heureuse de faire sa première communion, elle le désire bien fort !... (Ne l'avais-je pas vue sangloter, un jour où je lui avais dit : « Si tu n'es pas « sage, tu ne pourras faire ta première commu- « nion bientôt »). Mais, ajoutai-je, elle est beaucoup trop jeune ! » Mon cœur battait bien fort en regardant M. l'Archiprêtre pour deviner sa réponse : « Peu importe l'âge, me dit-il, si elle est suffisamment préparée... » Et il me rappelait les paroles mêmes du décret : « Pouvoir distin- « guer le pain eucharistique du pain ordinaire « et avoir une intention droite. » — « Et quelle est cette enfant? — C'est ma petite fille; mais elle a cinq ans à peine! » M. l'Archiprêtre me rassura... je lui parlai du désir de l'enfant, et il fut décidé qu'un des prêtres de la paroisse viendrait l'interroger; je demandai, connaissant sa timidité,, à être présente à cet examen.

Il eut lieu quelques jours après. Sur mes genoux et interrogée par moi, elle répondit sans hésitation à toutes les questions sur les principaux dogmes, la vie de Notre-Seigneur et les points essentiels de la doctrine eucharistique... Le prêtre présent m'interrompit enfin. Il n'y avait pas de doute, l'enfant en savait plus qu'il ne fallait. « Beaucoup, me confia-t-il, n'en savent pas autant à leur communion solennelle. »

L'admission de la chère petite au divin banquet était chose faite... Le papa, si chrétien, mais trop craintif peut-être, hésitait. Jésus lui-même par son ministre, se chargea de le convaincre. M. l'Archiprêtre revint me voir pour fixer certains détails et confirma mes espérances au sujet de ma petite Marie-Clotilde. Mon cher mari était présent et respectueusement essaya une objection. Alors, avec une onction et une fermeté que je n'ai jamais oubliées : « Nous en prenons la responsabilité », lui dit-il, et avec un accent pénétré (je crois encore l'entendre) « ce serait un crime, vous m'entendez, un crime d'empêcher cette enfant de communier. » La partie était gagnée... Ah! ces larmes de joie et de reconnaissance versées dans le secret de mon lit de malade... Non, je n'avais pas trop souffert, pour acheter pareille grâce... Dans cette âme de cinq ans, Jésus allait entrer le premier, y marquer à jamais son empreinte divine... Satan était vaincu d'avance; que pourrait-il, désormais, contre une âme nourrie de l'Eucharistie? C'était véritablement la sève divine qui allait s'épanouir en cette jeune vie... le péché, qu'une mère chrétienne appréhende plus que tous les malheurs, ce péché, qui n'avait jamais souillé l'âme des deux anges disparus, n'entrerait pas dans cette âme donnée à Jésus à l'aurore de sa raison. A cinq ans, c'était une prise de possession divine! Quelle joie indicible pour le cœur maternel!...

Il y eut des critiques, des sourires... Qu'importe?... Lorsque Jésus disait aux siens : « Si « vous ne mangez ma chair et si vous ne buvez « mon sang, vous n'aurez pas la vie en vous! » il y eut aussi des moqueurs qui sourirent, des scandalisés qui protestèrent... Plaignons-les! Mais nous, vivons de cette adorable Réalité!

Le jour était proche... Une petite retraite fut donnée; mais la préparation intime se faisait à la maison... Point de tension d'esprit, d'efforts exagérés : la communion des tout petits, c'est le mutuel baiser de l'âme et de Jésus, geste simple, spontané, pour lequel il n'y a qu'à laisser aller l'un vers l'autre ces deux puretés faites pour s'unir : l'enfant, l'Hostie... Cependant, les chers petits avaient été invités à faire quelques sacrifices pour se préparer à recevoir le Divin Ami. Marie-Clotilde avait compris.

...Le repas touchait à sa fin; d'un ton allègre : « Moi j'ai fini, Maman...— Tu ne veux pas de dessert, ma mignonne? — Non, maman! » J'avais compris, je n'insistai pas... voulant lui laisser la pudeur de son acte généreux, car elle aimait beaucoup les friandises... Deux ou trois fois de suite, le fait se renouvela; et c'était fait si spontanément, si joyeusement et d'un air si décidé, que nous en étions touchés.

Encore retenue à la chambre, je dus céder à d'autres — et ce fut un gros sacrifice — la douce tâche de conduire l'enfant recevoir sa première absolution... Chose qui m'étonna. Elle si confiante avec sa maman, resta à ce sujet d'une discrétion étonnante que je respectai. Jésus voulait-il travailler directement cette âme? C'est probable... Elle gardera jusqu'au bout cette pudeur des choses divines...

La cérémonie fut simple... Aucun apprêt extérieur. Gentille blondinette coiffée à la Jeanne d'Arc, avec des yeux brillants d'intelligence et un petit nez retroussé qui égayait sa physionomie sérieuse... plutôt grande pour son âge, telle était Marie-Clotilde au jour de sa première communion. Pas de toilette d'apparât. J'avais voulu la tenir complètement à l'écart des petites coquetteries qui tiennent trop de place parfois dans nos cérémonies de communions solennelles. Un beau chapelet blanc offert par sa grand'mère s'enroulait à son bras; un Christ en nacre reposait sur sa poitrine. Pour l'aider dans sa préparation et son actions de grâces, j'avais écrit sur un carnet spécial quelques formules bien à sa portée. Ce livre dont chaque feuillet était orné d'une image, lui resta très cher; elle s'en servait souvent, même bien plus grande: ce fut sur ce carnet que patiemment je marquai chacune de ses communions; plus tard, elle le fit elle-même; il nous est maintenant un précieux souvenir.

Cette première rencontre de Jésus, le dimanche de la Passion, me suggéra la pensée de demander, pour ma chère petite, une grande dévotion aux douleurs et à la Passion du Sauveur. Je ne me doutais pas alors que si tôt elle connaîtrait l'amertume du divin calice. Elle communia pendant quelques temps aux principales fêtes et le premier vendredi de chaque mois; à la fin de la première année, elle avait accompli les conditions mises par le Sacré Cœur lui-même à sa grande promesse. Mais à l'anniversaire de sa première communion, elle n'avait encore communié que vingt-cinq fois. Monsieur l'Archiprêtre, qui avait deviné les désirs de Jésus sur cette âme, fut encore pour elle l'instrument de nouvelles grâces. A l'occasion d'une visite, il demanda à voir la petite première communiante du Carême précédent. Paternellement, il causa avec elle et s'informa du nombre de communions qu'elle faisait d'ordinaire : « Environ une ou deux fois par mois », avais-je répondu. Et lui de reprendre : « Tous les huit jours au moins, ce ne serait pas trop. »

Je profitai du conseil, et désormais la chère petite nous accompagna chaque dimanche à la Table sainte, sans préjudice des fêtes et des premiers vendredis. Cela dura ainsi une année encore et à partir de sept ans, elle commença à communier presque tous les jours. Ce sera le grand soleil eucharistique qui fécondera ce jeune épi et lui fera porter cent pour un.

C'était toujours une joie pour Marie-Clotilde d'aller chercher le petit Jésus ! Il y avait dans son livre une image qu'elle affectionnait plus que toutes les autres. L'enfant Jésus y était assis sur le bord de la Crèche, tendant les bras en souriant. Quand je devais l'éveiller d'un profond sommeil pour l'heure un peu matinale de la messe, je prenais en main le livre ouvert à cette page et tout doucement, je chantais quelque cantique ou lui murmurais des invocations. Au nom de Jésus, bientôt ses yeux s'ouvraient. A la vue de la chère image, elle souriait, l'embrassait avec amour et se levait d'un bond pour aller au-devant de lui. Parfois, la veille de ses communions, elle voulait s'endormir la tête appuyée sur son « Cher petit Jésus »... Le petit Jésus... quelle expression, quand elle prononçait ce mot... Comme elle l'aimait de tout son petit cœur! Et au contact du divin Ami, comme il allait grandir, ce cœur naguère égoïste et fermé! Ce sera la merveille de l'Eucharistie d'avoir allumé dans cette âme si jeune, un véritable foyer d'amour et d'avoir fait, de l'enfant quasi indifférente, la fillette peu démonstrative, mais si vraiment affectueuse et qui ne savait plus « qu'aimer ».

...Et quelle simplicité touchante dans ses rapports avec l'Hôte Divin!... C'était le 1ᵉʳ janvier 1914. Ordinairement après quelques instants d'adoration et de recueillement, elle prenait son livre pour réciter les prières de l'action de grâces. Ce jour là, je la vis prolonger son attitude de prière, puis, me tirant par mon manteau : « Maman, dit-elle, j'ai demandé au petit Jésus d'aller souhaiter la bonne année à mon grand-père, à ma grand'mère, au petit Louis et à ma petite Zinou, qui sont au ciel. » Touchante attention. On lui avait dit de souhaiter la Bonne Année à ses parents, le matin... mais quel moyen plus sûr d'atteindre ceux qui n'étaient plus que de charger Jésus lui-même de leur transmettre ses vœux. C'était vraiment la naïve simplicité de ces petits auxquels Jésus a promis le royaume des Cieux!...

Comme Il devait sourire, aux pieuses commissions de sa petite sœur et avec quelle munificence il devait les accomplir.

La cérémonie de la confirmation avait lieu chaque année. Mais le cas de Marie-Clotilde était nouveau. Elle n'avait que cinq ans et quatre mois. Elle fut admise cependant, et le 23 mai, elle recevait le Saint Esprit. J'avais voulu que toutes mes confirmantes fussent revêtues de la robe blanche, du voile et de la couronne de roses. Elles formaient un petit groupe bien attrayant, mais la plus attirante était sûrement cette toute petite fille de cinq ans, voilée et couronnée de roses, qui faisait songer à Marie gravissant, à l'âge de trois ans, les degrés du Temple, pour se consacrer à Dieu. Ayant moi-même une particulière dévotion au Saint-Esprit, je lui avais sans doute dit quelque chose de Celui qui a pour mission de nous sanctifier et de développer en nous la ressemblance avec notre divin modèle : Jésus. Cependant, rien ne peut me faire soupçonner l'impression inoubliable que lui laissa sa confirmation. Ce ne fut que bien plus tard, un jour de Pentecôte, que, l'engageant à se préparer à cette fête, je reçus cette réponse : « Tu sais, Maman, j'aime beaucoup le Saint-Esprit. Je me souviens très bien de ma confirmation. » Elle appuyait sur ce mot « très bien » avec une inflexion de voix et un regard qui ne laissaient aucun doute sur l'impression de grâce reçue. Je compris que l'Esprit Saint s'était pleinement établi dans ce Temple, où il devait opérer des merveilles. Que de secrets la chère enfant dut emporter dans la tombe, et dont la révélation fera sans doute notre étonnement et notre joie dans le ciel !

Ce fut le jour de la Pentecôte 1918, qu'elle s'approcha pour la dernière fois de la Table Sainte, et en se préparant à cette fête, elle m'avait redit sa particulière dévotion au Saint Esprit. Le divin sanctificateur ne voulut-Il pas préparer Lui-même son enfant privilégiée à cette Fête-Dieu que dix jours après elle commençait sur la terre et achevait au Ciel?

CHAPITRE V

Le travail divin.

**Le grand fléau. — Le Retour « Chez Nous ». —
Au son du canon. — Parmi les soldats. — Coup
d'œil moral. — Une accalmie. — Période de
transition. — Une correction unique. — L'Etoile
Noëliste.**

> « Oh! oui. j'ai du chagrin, mais
> « je ne veux pas le montrer. Il
> « faut bien que j'aie de la force
> « d'âme. »
>
> (Février 1915, MARIE-CLOTILDE.)

« Je suis la vraie vigne et mon Père est le vi-
« gneron, disait le Maître... Il retranchera tou-
« tes les branches qui ne portent point de fruit
« en moi, et Il émondera toutes celles qui por-
« tent des fruits afin qu'elles en portent davan-
« tage... »

...Certes, elle était bien entée sur le Cep divin,
cette enfant de sept ans qui se nourrissait régulièrement du Pain eucharistique. Mais le vigneron
céleste, pour cueillir plus tôt les fruits qu'il attendait d'elle, entreprit d'émonder cette branche
si frêle qui semblait avoir le droit de pousser encore à sa guise. L'épreuve sanctifiante va s'abat-
tre sur cette jeune vie et trancher impitoyable-
ment dans cette âme, dans ce cœur, dans ce corps

d'enfant !... Mais avec l'épreuve, Jésus donnera la force : les souffrances de Marie-Clotilde seront sanctifiées et fécondées par la communion.

Les vacances de 1914 s'étaient ouvertes non sans quelque angoisse mal définie dans tous les cœurs... on voulait espérer encore... Nous étions à Paris, auprès de la chère grand'mère. Soudain un silence solennel étreint le pays : c'est la mobilisation générale.

Mais à ce silence succède un long frémissement d'enthousiasme et enfin une irrésistible clameur : Vive la France !...

Quatre jours après, le cher papa partait...

Sans faiblir, mais avec une passion où se traduisait toute l'émotion de son âme, il embrassa le tout petit frère, et pressa contre ses lèvres le front tendu de la fillette qui, sans bien comprendre, devinait, dans tout le remue-ménage de cette semaine, quelque chose de grave...

Alors commencèrent de longs jours monotones, qui devinrent vite angoissants... De chez nous, aucune nouvelle, et du papa des lettres très rares. Puis ce fut la marche foudroyante de l'ennemi, la fuite éperdue d'un million de femmes, d'enfants, de vieillards faisant queue des journées et des nuits entières aux guichets des gares; la consigne était : « Que toutes les bouches inutiles partent. » Avec la bonne grand'mère, les deux petits et moi nous partîmes. Long voyage en fourgon à bestiaux avec, à défaut d'autres, le lourd bagage d'incertitude, de crainte, d'angoisse patriotique... Enfin, la victoire de la Marne arriva qui, malgré le reflet de son sourire, ne devait pas mettre fin à la guerre.

Force me fut de prendre un parti et d'entrevoir, les vacances terminées, la solution la meilleure pour résoudre, seule, le problème de l'existence. La gare du Nord avait été fermée pendant plusieurs semaines; la circulation des trains fut reprise vers la fin de septembre. Mais, par suite du désarroi bien compréhensible en ces deux premiers mois de guerre, aucune nouvelle ne m'était parvenue d'Arras. Cependant, il n'était pas question de l'envahissement de la ville; aussi, résolument, je pris le parti de revenir à mon poste... J'avais à donner l'exemple du courage et de l'accomplissement du devoir, en dépit et à cause même du danger...

Autour de moi, il y eut bien quelques critiques affectueuses, mais dans la circonstance, il me sembla que je devais passer outre... Ma place était là-bas! Au danger, peut-être, mais au devoir malgré tout! Prise dans l'engrenage des circonstances, j'avais trop souffert, depuis deux mois, de mener une petite vie tranquille, quand je sentais que ma place restait tristement vide là-bas, parmi les blessés à soigner, les enfants à recueillir, les dévouements à prodiguer. Il me semblait qu'un écho lointain m'apportait l'étonnement et l'indignation peut-être, de ceux qui m'y attendaient... Je ne m'étais pas trompée... Si vite que je fusse accourue, des paroles de reproches m'accueillirent. Après trois jours seulement d'occupation ennemie, chacun avait repris son poste de devoir, et j'aurais manqué à l'appel?... Fi donc!...

L'image vénérée du capitaine de mobiles de 1870 semblait se dresser devant moi pour me dire : « Souviens-toi de ton père! »

Mon petit Joseph allait avoir trois ans. A cet

âge, il ne pouvait comprendre, à peine se souvenir. Je le confiai à l'affectueuse sollicitude de sa grand'mère. Mais l'autre, l'enfant de sept ans bientôt, forte de la vie de Jésus puisée à sa source eucharistique, forte des dons de l'Esprit-Saint, forte de son amour filial, qui me murmurait tout bas, avec des regards suppliants : « Avec toi, maman... Partir là-bas avec toi ». Devais-je m'en séparer aussi?... Non, l'occasion était trop belle, de jeter dans cette vie en éveil ces leçons d'énergie et d'abnégation, de dévouement et d'esprit de sacrifice, d'héroïsme, s'il le fallait, qui trempent les âmes et font les caractères.

Dans les mêmes circonstances, une mère de famille m'écrivait plus tard : « N'est-ce pas déjà une chose bien précieuse que d'avoir appris à mes plus grands à faire sans trembler le sacrifice de leur vie? »

Je le comprenais ainsi.

Marie-Clotilde partit avec moi. En passant à Paris, je sollicitai l'aide d'une de mes sœurs dans la rude tâche que j'entrevoyais. Le voyage fut long et pénible... Contrairement aux indications données au départ, la guerre battait son plein de notre côté... Ce fut une nuit interminable en chemin de fer, des détours sans pareils, de longs arrêts dans les gares où se pressaient des bandes de fuyards aux récits terrifiants... mais ils venaient de plus loin, et l'on nous assurait que notre ville n'était pas atteinte... Puis, le grondement lointain du canon, et enfin, l'arrêt final à Lens...

Que faire?... que devenir... Les villages voisins étaient en flammes, la fusillade crépitait sur la route, l'ennemi était tout proche.

C'était le premier samedi du mois du Rosaire;

la douce Mère nous prit en pitié... Le dernier train de Lens à Frévent nous conduisit à Aubigny, où nous pûmes reposer une nuit pour reprendre le lendemain le chemin du retour dans la ville apaisée. La chère petite entrait d'emblée dans la voie du sacrifice. Et je souffris au-delà de tout ce que je puis dire et de l'extrême fatigue que lui fut ce voyage mouvementé et des impressions trop fortes qu'elle en ressentit. La Providence le permit ainsi pour hâter son travail dans cette âme. Mais ma sollicitude maternelle souffrit de véritables agonies, partagées entre l'affection naturelle qui gémissait de telles souffrances et la volonté de faire de mon enfant une vaillante, capable d'affronter les aspérités de la vie.

Enfin, nous étions rentrées chez nous.

Il était temps! Deux jours s'étaient à peine écoulés que le bombardement commençait, terrible, presque sans trêve, allumant les incendies, surprenant les habitants au milieu de leurs courses matinales. Ce fut un sauve-qui-peut général... Au fond de nos caves profondes, tenant ma petite serrée contre ma poitrine, je chantais des cantiques pour ne pas entendre le terrible sifflement des obus. La pauvre enfant épouvantée était pâle de frayeur. Nous n'étions pas encore accoutumées à ce sinistre concert. Un peu plus tard, mes vastes souterrains abritèrent plus de vingt personnes. On y mangeait, on y couchait, on y riait, parfois, oubliant la tempête humaine qui faisait rage au dehors, pour s'amuser des mille surprises de cette nouvelle existence. On y priait surtout l'image aimée de Notre-Dame du Bon-Conseil, avec son rustique autel devant lequel brûlait une bougie et s'égrenaient des rosaires.

Après les premiers jours de frayeur, Marie-Clotilde ayant retrouvé comme compagnons de cave des enfants de son âge, les jeux reprirent avec une superbe insouciance... On profitait des accalmies pour faire des parties de cerceaux dans la rue déserte et recueillir des éclats d'obus ou les balles de schrapnells.

Fidèle à mes principes d'éducation virile, je la conduisis voir les ruines amoncelées par l'ennemi. Elle avait repris confiance maintenant et accoutumée aux orientations des tirs, elle percevait de très loin le sinistre sifflement... Alors, avec une célérité grave qui nous amusait beaucoup, elle allumait sa petite lampe pigeon et tout tranquillement nous annonçait : « Moi, je descend à la cave. »

Cependant le temps passait... Depuis cinq mois, le jour de Noël excepté, le bombardement plus ou moins actif démolissait systématiquement la ville. Certains se faisaient à cette vie; d'autres se déprimaient... Pour tous, cet état de tension nerveuse devenait pénible, insupportable... Plusieurs fois j'avais surpris une pâleur mortelle sur le visage de la pauvre enfant au sifflement fatal; je lui avais dit mon désir de l'envoyer en lieu sûr, mais elle retrouvait alors toute sa vigueur : « Maman, je ne veux pas te quitter. Si les Allemands entraient, je veux être là avec toi. » Ce dévouement passionné me touchait jusqu'aux larmes.

Cependant, il fallait se rendre à la raison. Visiblement, la fatigue physique l'emportait sur l'énergie morale. J'avais beau prolonger son repos du matin, soigner sa nourriture, éviter de l'exposer inutilement aux frayeurs de la rue, il devenait évident que la situation en se prolongeant contre toute attente, n'était plus tenable pour elle. D'autre part, le printemps approchait. De nouvelles actions pourraient avoir lieu dont la ville serait le théâtre.

Le papa prudent et sage, qui jusque-là avait compris le haut idéal que je poursuivais, conseilla le départ. Mais comment faire accepter à la chère enfant cette séparation qui lui paraissait si atroce? La grâce du Bon Dieu m'aida... Sur mes genoux, entre deux caresses, je lui fis faire son sacrifice... Ses larmes coulèrent et son étreinte fut plus chaude, plus tendre que jamais. Cependant la pensée de revoir, au passage, son papa qui l'aimait tant, lui fut une heureuse diversion... Puis, déjà, le travail divin s'exerçait dans cette âme docile. Après les premiers instants de chagrin, je fus étonnée de la voir calme, joyeuse, presque insouciante; sa tante fit l'étonnée : « Mais cela ne te fait donc pas de peine de quitter ta maman? — Oh! oui, tante; j'ai bien du chagrin, va; mais tu comprends, je ne veux pas pleurer, il faut bien que j'aie de la force d'âme. »

De telles réflexions disent assez quelle était la générosité de cette enfant.

Le départ fut triste... Au petit jour, dans une voiture conduite par un commerçant à peine connu la veille, avec son petit bagage bien simple et bien pauvre, — (les boutiques n'abondaient pas chez nous) — chaudement couverte et surtout enveloppée de toute ma tendresse maternelle angoissée, elle partit sans pleurer, sans se retourner... pour garder sans doute toute « **sa force d'âme** », la chère petite, déjà à l'école **de** l'héroïsme.

Peu de jours après une courte, mais bienfaisante escale, auprès du cher papa, la maison **hospitalière** de sa grand'mère s'ouvrait à la **pauvre** petite réfugiée.

On pourrait croire que cette vie extraordinaire et anormale de plusieurs mois avait changé, arrêté ou amoindri le travail divin dans cette enfant? — Non. — Sans doute, dans des circonstances semblables, il ne pouvait pas être question d'un développement de piété tangible; **mais** Celui qui a voulu que le grain jeté en terre **y** pourrisse pour devenir fécond, travaillait **dans** l'obscurité de cette faction presque militaire : ce fut une époque à coup sûr fructueuse.

L'esprit de cette enfant mis en contact avec des personnes d'un milieu si différent de son **milieu** habituel, comprit déjà la nécessité d'avoir **des** convictions que rien n'ébranle. Elle apprit à connaître la vie dans ce petit monde très mêlé **qui** fût le nôtre à cette époque. Je me hâte de dire, **à** la louange de ceux qui furent nos hôtes, que jamais rien dans leurs paroles ni leur conduite **ne** put porter atteinte à la candeur de cette enfant.

Mais parmi ces caractères très divers, son intelligence, son jugement trouvaient matière à **se** développer, à se former. Peut-être y puisa-t-elle cette notion des nuances qui devint un des caractères frappants de sa physionomie morale. Sa **vo**lonté eut particulièrement l'occasion de s'assouplir, de s'affermir aussi. Ce n'était plus l'autorité de papa ou de maman qui décidait des choses; il fallait faire des concessions aux exigences **des**

situations, aux désirs des uns, même aux petites manies des autres. La rude vie faite d'émotions, de surprises et parfois de terreur, la privation de mille commodités inconnues sur un front de bataille, était par ailleurs une école d'énergie. Et les exemples d'abnégation et d'héroïsme qu'elle côtoyait tous les jours, devaient laisser dans son âme des traces profondes.

Quant à sa sensibilité trop vive, elle reçut de cette époque une formation plus virile. Au contact du danger, elle prit l'habitude de dominer ses nerfs pour se montrer « brave », ce qui ne veut pas dire qu'elle ne connût pas cette frayeur que d'autres, plus endurcis, éprouvent quand se déchaîne la tempête des obus, mais elle faisait effort pour ne pas le montrer et c'était beaucoup.

A cette école aussi, sa nature affectueuse, mais peut-être un peu exclusive, apprit à s'élargir pour rendre aux bons militaires qui la choyaient, ces gentillesses qui leur rappelaient leurs enfants laissés au foyer.

Tout se passait d'ailleurs amicalement, bonnement, en famille.

Ce travail se fit en profondeur, sans que ni elle, ni d'autres puissent le soupçonner. Mais en revenant par la pensée vers cette époque, unique dans une vie, je reste persuadée qu'il s'accomplit réellement, quoique à mon insu, par les soins du divin façonneur des âmes. Les vertus qui allaient bientôt se manifester dans cette enfant, en sont la preuve évidente. Du reste, même pendant cette période terrible, son âme se nourrissait de la sève divine; elle priait, elle communiait; elle assista à des messes bien touchantes; elle resta pure, simple, enjouée aussi. Comme un lis battu par la tempête, elle souffrit des contacts, des heurts; mais, que revienne la douce atmosphère familiale, cette fleur va se redresser plus belle et son parfum s'exhalera plus suave encore.

Les quelques mois qui suivirent, passés chez sa bonne grand'mère dans une vie calme, laborieuse et régulière, permirent à l'enfant de se reprendre. Certes, elle souffrait de la séparation d'avec son papa et sa maman... Ce fut son grand, son unique chagrin. Mais elle garda toujours la pudeur de sa souffrance, qu'on ne devinera que par des mots échappés comme malgré elle : « Maman faisait de telle façon. » Ou encore à une de ses tantes : « Chez toi, c'est un peu comme chez maman », et enfin ce cri du cœur qui jaillit spontanément lorsqu'elle aperçut ma sœur, restée auprès de moi à Arras : « Oh! ma tante... tu es un peu de maman! » Et ce mot était dit avec un accent inoubliable.

A mon tour, je revins, chassée de mon pauvre logis devenu inhabitable; alors, se serrant sur ma poitrine, elle me supplia de ne jamais plus la séparer de moi. Et cependant que de soins dévoués, attentifs, quelle sollicitude elle avait rencontrée auprès de sa grand'mère et de la famille qui l'avait accueillie. Mais, comme pressentant les grandes séparations à venir, son cœur aimant aspirait à vivre pleinement de la vie maternelle pour y puiser à longs traits ces pures jouissances qui ressemblent le plus aux jouissances du ciel.

Dès la fin de septembre 1915, je reprenais la route du Nord, non plus dans Arras dévasté, mais à Boulogne, où j'avais trouvé une modeste situation me permettant de vivre avec mes deux chers petits.

Ce n'était point l'aisance, bien loin de là; ce n'était pas non plus la misère. J'avais le gîte et le couvert assurés. Mais que de petites privations! de souffrances mêmes, vont remplir désormais notre vie à trois! Et cependant cette vie y sera joyeuse... Les corps pourront avoir froid, mais non les cœurs. La gêne matérielle se fera sentir; mais quelle aisance dans nos âmes toujours ouvertes les unes aux autres! A défaut de potiches somptueuses, on met des fleurs dans des vases ordinaires, mais le petit autel rustique est toujours fleuri. Le luminaire est très sobre, mais la crèche de Noël resplendira de petites bougies aux couleurs variées...

Le réveil trop matinal et le coucher seront précipités en raison du froid qui mord dans la chambre sans feu, mais on n'y pensera pas en chantant Bonjour et Bonsoir à la Sainte Vierge, Reine du petit foyer.

On me dira : « Mais ces enfants de quatre et sept ans avaient leurs défauts, leurs mauvais jours? » Oh! sans doute; loin de moi l'idée de les donner comme des perfections, mais je dois avouer que rarement je dus gronder ou punir. De suite et dès le début, je voulus poser d'une façon absolue le principe d'obéissance qui ne souffre aucune réplique. Marie-Clotilde avait, comme je l'ai dit, une tendance très prononcée à l'entêtement; par ailleurs, il fallait tenir compte de la détente nerveuse qui devait suivre son séjour dans Arras bombardé; grâce à son bon cœur, elle arrivera en très peu de temps à vaincre ses petits défauts.

...Ce fut dans le dernier trimestre de 1915 et toujours pour maintenir le principe d'autorité, que je dus sévir. Je ne me souviens pas exactement de ce qu'elle avait fait; mais après une ou deux observations, je lui signifiai que si elle recommençait, elle serait fouettée avant de se coucher. C'était dans l'après-midi. Peut-être par entêtement, peut-être par bravade, elle recommença! La soirée se termina bonne, mais ma froideur voulue lui fut un supplice... Cependant, le moment du coucher approchait. J'aurais voulu ne plus penser à ma menace; mais une chose dite doit s'exécuter coûte que coûte. L'enfant se déshabilla bien sagement, espérant peut-être obtenir mon indulgence; puis, tout gentiment, elle vint m'embrasser avant de se mettre au lit. Mon cœur était péniblement serré, mais il fallait tenir bon; avec un calme absolu, je lui rappelai ce qui s'était passé, et malgré ses supplications, je lui infligeai la correction méritée.

Ah! les mères qui châtient leurs enfants par devoir, savent ce qu'il en coûte et ne s'étonneront pas si j'avoue que cette circonstance fut une des plus pénibles de ma vie.

La leçon avait été rude! elle fut fructueuse! Jamais plus je n'eus à lui reprocher la moindre désobéissance.

Quant à sa lenteur et à ses petites manies, la brusquerie sur ce point n'aurait servi qu'à la buter davantage... Il fallait stimuler ses efforts par l'espoir d'une récompense. Une de ses tantes lui avait promis de l'abonner à l'*Etoile Noëliste* si, pendant un mois, elle ne traînait ni pour se lever ni pour se coucher. On marquait rigoureusement le soir le résultat de la journée. Elle mit trois mois à atteindre le but. Enfin, au mois de janvier 1916, commença l'abonnement à sa

« chère *Etoile* ». Cette revue conquit toutes ses faveurs. Je lui choisis comme pseudonyme : « Arras-Genazzano »; jusqu'au dernier jour, cette revue aura ses prédilections; dès le mercredi, elle guettait le courrier qui devait la lui apporter. Le mercredi, 29 mai 1918, veille de sa mort, toute heureuse du plaisir que j'allais lui faire, je lui montais « *L'Etoile* » dans son lit; aussitôt, tendant les mains avec un sourire de joie : « Vois-tu, maman, me dit-elle, j'aime mieux cela que tous les « livres d'images ». Elle la lut en entier, et dans cette dernière soirée, elle me fit chercher encore, dans les numéros plus anciens, un tank qu'elle voulait découper et construire pour son petit frère.

Que le témoignage de Marie-Clotilde soit un encouragement et un remerciement à la chère « *Etoile* » qui lui donna de si douces satisfactions.

Avec l'année 1915 se termine, si je puis dire, le travail de purification. De rudes épreuves marquaient déjà la vie de cette enfant de huit ans.

A cette époque, elle ne fait pour ainsi dire que subir l'action divine ou maternelle sans presque essayer d'en comprendre la portée. Bientôt tout s'illumine dans son âme. La souffrance va lui livrer ses secrets, l'autorité paternelle ou maternelle va s'irradier des reflets de l'autorité divine. Ne me dira-t-elle pas un jour : « Quand tu nous grondes, maman, on sait bien que ce n'est pas pour faire de la peine à tes petits enfants, mais pour leur bien. » Désormais, tout va s'éclairer à cet esprit de foi.

CHAPITRE VI

Au grand soleil.

Le Petit Jésus. — L'Appel. — Petite Sœur de l'Assomption.

> « Je veux me faire religieuse
> « pour soigner les pauvres et les
> « petits enfants. »
> (Marie-Clotilde, 1916.)

> « Oh ! oui ; le Petit Jésus me
> « dit quelquefois des secrets ! Il
> « ne parle pas comme toi, Maman,
> « mais je le comprends bien tout
> « de même ! »
> (Mai 1918.)

...A partir de 1916, une grande résolution fut prise, celle de la communion quotidienne. Cela n'était pas sans mérite. Pour pouvoir arriver exactement en classe, il fallait aller à la chapelle la plus proche, à une messe de sept heures, se lever matin par le froid et toute seulette, s'acheminer, au petit jour, pour aller chercher Jésus. — Moi-même, afin de pourvoir à toute chose, et de préparer le petit frère avant de prendre ma classe à huit heures ou huit heures et demie, j'assistais à une messe très matinale, après laquelle je venais aider la petite à s'apprêter. Mais combien souvent la chère enfant m'édifia. Il était convenu qu'avant de partir pour la messe, je plaçais le réveil près d'elle ; aussitôt l'heure venue, elle devait se lever seule et s'habiller. Comme je la connaissais sensible au froid, c'était lui demander un effort très généreux. Parfois, la fatigue ou un brin de paresse l'emportait, elle restait au lit.

L'assistance à la messe et la communion quotidienne n'étant pas de précepte, je voulais qu'elles fussent le fruit de la libre volonté. Aussi, je ne la grondais pas ; mais j'avais soin de lui faire remarquer qu'aucune légèreté ne devait être apportée à des choses aussi saintes. Elle le comprenait, et rarement se priva sans raison de l'aliment divin. Plus tard, une chapelle privée lui ouvrira ses portes pour une messe à sept heures et demie et désormais elle y manquera de moins en moins.

J'essayais de lui indiquer quelques méthodes d'action de grâces, mais Jésus fut Lui-même son conseiller. De divins colloques s'établirent entre eux dont je n'eus que de rares échos.

Cette amitié divine datait de loin...

J'ai dit ailleurs avec quelle expression pleine d'amour elle parlait du « Petit Jésus ». Et j'ai encore présent à la mémoire ce soir de janvier où, toute petite encore, ayant été coupable de je ne sais quelle peccadille, quand arriva l'heure de la prière devant la Crèche, le petit Jésus avait disparu... Quels sanglots... Quel repentir... Quelle joie aussi, quand le pardon ayant été demandé et obtenu, le cher petit Jésus vint reprendre sa place dans la Crèche.

Sa foi dans la présence réelle était touchante. Lorsqu'elle était encore toute petite, laissant la maisonnée endormie, j'allais de bon matin à la messe. Si par hasard elle s'éveillait avant mon retour, elle épiait le réveil du petit frère. Alors bien vite, elle se levait, le prenait dans ses bras, l'installait avec mille précautions dans son propre lit, et le plus souvent, je les trouvais assis là, regardant le catéchisme en images que la grande sœur se chargeait d'expliquer au plus jeune.

C'est elle qui l'initia aux mystères divins; et comme elle, dès l'âge de cinq ans, il se nourrira du Pain des Anges, qu'elle lui avait appris à désirer.

J'aimais à cette époque à exciter la foi naissante de leurs âmes. En revenant de la Sainte Messe, je m'approchais d'eux, j'appuyais leurs têtes sur ma poitrine; là ils embrassaient Jésus et lui parlaient naïvement. Plus tard, à son tour, Marie-Clotilde rapportera le « Bon Jésus » à son frère, et toute embaumée encore de la divine présence, lui en fera goûter le suave rayonnement.

Une de ses pratiques favorites était d'embrasser sur le crucifix les pieds et les mains transpercés du Sauveur « pour les soulager ».

En 1916, je l'inscrivis à l'archiconfrérie de prière et de pénitence de Montmartre. Elle avait pris comme jour de réparation le jeudi, jour de l'Eucharistie, et récitait fidèlement les prières de l'œuvre durant son action de grâces. Lui faisais-je remarquer l'heure tardive qui écourtait par trop son déjeuner : « Tu sais bien, maman, disait-elle, que le jeudi mon action de grâces est toujours un peu plus longue parce que c'est mon jour ! »

Sa réserve, au sujet des choses de Dieu, était telle, que je craignais de voir sa piété tourner en routine. Un jour, pour provoquer son attention, je lui dis : « Est-ce que le petit Jésus ne te parle pas quelquefois? » Tout en lui faisant remarquer que la parole divine ne s'entendait pas comme la parole humaine. « Oui, me dit-elle, il m'a dit un petit secret. — Et lequel?... » Elle se fit prier. « L'as-tu dit à ton confesseur? — Non! — Tu sais, il faut tout lui dire! — Eh bien! c'est cela, maman, je le lui dirai et s'il me le permet, je t'en parlerai. » J'étais bien sûre de la permission et je devinais aussi un peu le secret. « Maman, je veux me faire religieuse! » Et désormais elle me parlera de l'appel divin, mais désire qu'on garde à ce sujet la plus extrême réserve; la veille de sa mort, elle regrettera que son secret ait été dévoilé à des étrangers par l'étourderie de son petit frère. Quel était cet appel? « Je veux me faire religieuse pour soigner les pauvres et les petits enfants. » Il y a quelques années à peine, il me fallait lui montrer Jésus dans le pauvre pour vaincre la répulsion qu'il lui inspirait. Aujourd'hui, son instinct naturel fait place à une vocation sublime et c'est à ces pauvres de Jésus-Christ qu'elle veut consacrer sa vie. Admirable travail de la grâce!...

Un jour, en présence de son confesseur, un peu en riant, nous voulûmes pousser plus loin et deviner l'orientation pratique de ce premier appel... Je lui nommai les sœurs de Charité avec quelques-unes de leurs œuvres; les humbles petites sœurs des pauvres; puis répondant à cette double indication bien soulignée des pauvres et des petits enfants, je lui citai l'œuvre des petites sœurs de l'Assomption. Et comme si l'étincelle eut jailli soudain : « C'est cela; je serai petite sœur de l'Assomption. » Et dès lors, cette décision ne fera que s'affirmer davantage.

En novembre 1917, je dus m'aliter pendant plusieurs semaines. Alors, avec une grâce charmante, elle s'occupait du ménage et lorsque je m'inquiétais : « Maman, disait-elle, avec un beau sourire, il faut bien que je m'apprenne pour quand je serai petite sœur de l'Assomption ! »

Peu de jours avant sa mort, elle me disait gentiment : « Oh! oui, le petit Jésus me dit quelquefois des secrets; il ne me parle pas comme toi, maman, mais je le comprends tout de même ! »

Se rendait-elle compte qu'elle me faisait plaisir en me parlant ainsi? Peut-être... la finesse de son esprit lui donnait un sens rare des nuances; mais peut-on croire comme certaines personnes, qu'il n'y avait dans ces paroles que flatterie? Ce serait être bien sévère pour une enfant qui, par ailleurs, manifestait tant de vertus réelles. Quoiqu'il en soit, l'appel divin gravé dans son cœur l'aida à se corriger de ses légers défauts, et une de ses tantes me dit un jour : « Je suis renversée de la perfection de cette petite de huit ans? » Non, la vertu à cet âge ne peut être de l'hypocrisie...

Mais j'ai hâte de le dire : si cette enfant en peu d'années fournit une longue carrière, c'est qu'elle avait pris le chemin le plus sûr, le plus rapide et le plus doux...

Marie-Clotilde ne devint si accessible à la pénétration divine que parce qu'elle était imprégnée de cette rosée céleste qui s'appelle « la Dévotion à la très Sainte Vierge! »

Toute petite, en pensant aux chers disparus, ne disait-elle pas ingénûment : « La Sainte Vierge est la maman des petits enfants qui sont au ciel... » Elle allait connaître aussi les tendresses de cette Mère incomparable.

CHAPITRE VII

Douce rosée.

**Reine et Mère. — Le Chapelet dans la nuit. —
Le Rosaire. — Dernier Mois de Marie.**

La Sainte Vierge ! Je ne puis me défendre d'une indicible émotion en abordant ce chapitre.

O Marie, vous savez avec quel abandon total nous vous avions établie Reine et Mère de notre foyer en cette octave de l'Ascension 1916, jour de la consécration de notre famille au Sacré-Cœur. Nous vous avions tout donné : nos corps, nos âmes, nos biens, nos enfants... Mais avant cette consécration officielle, vous étiez bien déjà notre Souveraine.

Votre chère image, ô Notre Dame du Bon Conseil, était la première à orner le mur de nos pauvres chambres de réfugiés. Votre regard était partout ; vos fêtes étaient les nôtres ; c'était vers vous que montaient tout naturellement nos cris de joie ou d'angoisse. Nous aimions à vous considérer comme vivant « chez nous » ; à vous confier nos intérêts, nos besoins, nos désirs; à n'agir qu'avec votre conseil.

O Marie! N'est-ce pas, que vous étiez bien notre Souveraine et notre Mère et que nous pouvions chanter en toute vérité ce refrain tant aimé de Marie-Clotilde :

> O Marie Immaculée, Reine et Mère de chez nous,
> Régnez sur nous, vous et votre divin Fils.

La Sainte Vierge! Comment la chère petite ne l'eût-elle pas aimée? Si souvent nous parlions d'Elle! Soir et matin nous lui chantions ce naïf refrain :

> *Le soir* : Bonsoir, ma tendre mère,
> Bénissez vos enfants,
> Exaucez la prière
> De leurs cœurs reconnaissants.
> Et quand ma dernière heure
> Viendra fixer mon sort,
> Obtenez que je meure
> De la plus sainte mort !

> *Et le matin* : Bonjour ma tendre mère
> Bénissez vos enfants,
> Exaucez la prière
> De leurs cœurs reconnaissants.
> Recevez, bonne mère,
> L'hommage de ce jour.
> Que notre vie entière
> Vous dise notre amour !

Car, même en exil, on chantait chez nous. A l'enfant qui ne porte pas dans sa mémoire et dans son cœur ces refrains populaires que nos mères nous ont appris, il me semble qu'il manque quelque chose. On chantait Marie; on chantait le petit Jésus de Noël, l'aimable Roi de l'Epiphanie,. le Sacré Cœur, le bon saint Joseph, lequel portait à son cou la clef de la bourse commune et des tirelires particulières! Mais parmi tous les chants, celui qui ravissait davantage la chère enfant, c'était : « J'irai la voir un jour! » Etait-ce une secrète attirance qui lui faisait aspirer à aller au Ciel?

Dès qu'elle avait pu poser ses petits doigts sur un clavier, c'était encore un chant à Marie qu'elle avait appris : « Je mets ma confiance », air facile ne nécessitant que cinq notes et qu'elle était toute fière de jouer à quatre mains avec Maman.

Ces quelques germes de dévotion mariale se développèrent chez elle à la façon des autres, avec une rapidité prodigieuse.

Il était convenu que la peur était bannie de « chez nous », puisque nous étions dans la maison de la Sainte Vierge. Un jour, ayant à faire une course, je l'avais laissée seule avec son frère à la maison, car je la savais très raisonnable. Mais toujours je défendais de toucher aux allumettes et la pieuse enfant ne savait pas désobéir. Or, c'était l'hiver, le soir venait vite. Attardée plus que je ne pensais et voyant la nuit tomber, j'accourus pour calmer l'angoisse des chers petits qui m'attendaient dans le noir. Je monte vivement l'escalier, craignant de les trouver apeurés; quel ne fut pas mon attendrissement lorsque, ouvrant la porte, je vis le petit frère blotti dans les bras de sa sœur; et celle-ci me dit aussitôt : « Oh! Maman, il y avait une vilaine bête qui criait très fort dans la rue (c'était un chat qui hurlait d'une façon impressionnante); alors Jojo avait bien peur. Mais je l'ai consolé en disant que la Sainte Vierge veillait sur nous et j'ai dit le chapelet avec lui en t'attendant...» Point n'est besoin de commentaires. L'amour de Marie remplissait bien cette petite âme.

Elle aimait beaucoup son double nom : Marie-Clotilde, mais affectionnait surtout le premier; on l'appelait Marie à la pension et jusqu'au dernier jour, pour me faire plaisir, elle me signera : « Ta petite Marie. »

Sa grand'mère lui avait donné un livre de prières spéciales en l'honneur de la Sainte-Vierge et une lecture pour chaque jour du mois; d'elle-même, elle prit l'habitude de se servir de ce livre tous les samedis, à la sainte Messe.

En 1915, deux mois après avoir quitté notre pauvre ville dévastée, j'avais résolu d'y retourner pour retirer quelques épaves du naufrage. La chère petite ne voyait pas ce voyage d'un bon œil, sachant la ville bombardée. Mais par une permission de la Sainte Vierge, une autorisation de vingt-quatre heures me fut donnée pour le 8 septembre, jour de la Nativité. L'enfant fut tout à fait rassurée et avec sérénité : « Maintenant, je suis tranquille, disait-elle, maman ne peut rester qu'une journée à Arras et cette journée est une fête de la Sainte Vierge. Il ne lui arrivera sûrement rien... »

La forme que revêtit particulièrement pour elle cet amour déjà si intense de Celle que nous appelions « Notre Bonne Maman », ce fut le Rosaire. A peine âgée de huit ans, et occupée la plus grande partie de la journée par la classe, elle trouvait moyen de dire son chapelet presque tout entier chaque jour.

Je lui avais recommandé, lorsque je ne pouvais

l'accompagner jusqu'au pensionnat, de ne pas regarder étourdîment de côté et d'autre, mais de marcher posément et avec réserve dans la rue; je lui conseillai même de profiter de ses allées et venues pour semer des *Ave Maria*. Elle y fut fidèle et arriva ainsi à égrener ses cinquante *Ave Maria*. J'aimais aussi, avant la communion, pour préparer un « lit de roses » à Jésus dans son cœur, à lui faire dire quelques *Ave;* elle n'y manquait pas... Elle alla plus loin.

Parfois je la voyais s'amusant toute une journée avec son frère; et le soir, lorsque je lui disais : « As-tu dit ton chapelet? — Oui, maman... » Surprise et ne voulant pas qu'elle s'habituât à se payer de mots, je cherchais à lui faire remarquer qu'il n'y avait pas eu d'interruption dans ses jeux qui ait pu lui permettre de le réciter. Mais elle, très naturellement de répondre : « Mais, maman, de temps en temps, tout en jouant, je m'arrête de parler; on n'a pas besoin de parler tout le temps et je dis une dizaine de chapelet ! » Cette enfant de neuf ans interrompait son jeu, s'imposait silence pour parler à sa Mère du ciel, et cela sans que personne s'en aperçût ! Quelle leçon !... Leçon qui profita tout d'abord à son cher petit frère; celui-ci, en souvenir de sa grande sœur tant aimée et tant pleurée, s'affectionnera aussi à son chapelet et tout en jouant, effeuillera des Roses aux pieds de la Reine du Ciel...

Petit à petit, sa piété s'organisait.

Au début de 1918, forcée par la maladie de me séparer d'elle, je dus la laisser quelques mois en pension. Elle m'écrivait des lettres charmantes : « Je dis mon chapelet tous les jours, m'expliquait-elle, et le samedi, mon Rosaire. Puis, comme je ne suis plus un tout petit bébé, j'ai appris les mystères et je les dis. »

Et ailleurs : « Nous avons fait une longue promenade : on a été à l'église et j'ai dit une dizaine de chapelet pour la France. »

A la fin d'une longue lettre : « J'ai encore beaucoup de choses à te dire. Que la Sainte Vierge te les dise. »

Elle me confia un jour, parlant de ces quelques mois de pension : « Ah! la Sainte Vierge, si je ne l'avais pas eue, j'aurai bien souvent pleuré le soir, dans mon petit lit! »

C'est que pour elle, Marie, est vraiment la « bonne Maman ». N'a-t-elle pas trouvé ce mot délicieux : « La Sainte Vierge est la maman des petits enfants qui sont au ciel! » et pensait-elle sans doute, des enfants privés de leur mère ici-bas.

La veille de sa mort, elle me confie que depuis qu'elle est couchée, elle n'a pas pu dire son rosaire tous les jours, mais seulement deux chapelets, et me demande de lui aprendre les fruits des mystères. Je lui promets, quand elle sera guérie, de lui donner mon chapelet blanc que j'aime beaucoup et elle en est toute heureuse. Ne me disait-elle pas gentiment : « Pauvre maman, qu'est-ce que tu ferais sans ton chapelet? » Elle l'a eu, hélas entre ses doigts rigides, le chapelet de sa maman, mais elle ne pouvait plus l'égrener...

Quelques jours avant sa mort, la chère enfant était entrée avec moi dans la basilique de Saint-Nicolas à Nantes; elle vit au milieu de fleurs et de lumières une ravissante statue de la Sainte Vierge, les mains croisées sur la poitrine, dans l'attitude d'un profond recueillement. Se tournant vers moi, elle me dit : « Oh! quelle est belle, maman. C'est la Sainte Vierge quand elle avait le petit Jésus dans son cœur. » Ne sont-ce pas là ces secrets que Dieu révèle aux petits...

Enfin, pour couronner cette vie toute mariale, ce fut au dernier jour du mois de mai qu'elle s'envola vers le ciel. Ce mois de Marie! Comme elle l'avait préparé avec amour. Un petit autel tendu de bleu, orné de myosotis et de bougies que dominait la statue de Notre-Dame de Boulogne. Ici, comme autrefois en classe, elle prend soin des fleurs qui ornent l'autel de la Vierge, et si elle s'absente quelques jours, elle écrira au petit frère : « Surtout, soigne bien le mois de Marie! »

Sa dernière prière fut l'*Ave Maria;* son dernier baiser se posa sur la médaille de Notre-Dame du Bon-Conseil, et c'est vous, ô Marie, qui avez reçu le dernier soupir de l'enfant qui aspirait à aller :

> Sur le Cœur de sa Mère
> Reposer sans retour!
> Au Ciel! Au Ciel! Au Ciel!

CHAPITRE VII

Les ouvriers du père de famille.

**La Famille. — Son Papa. — Sa Maman. —
Ses Maîtresses. — Son confesseur**

> « Quand on fait plaisir à son
> « papa ou à sa maman, on est sûr
> « de faire plaisir au bon Dieu,
> « puisque le papa et la maman
> « sont les représentants du bon
> « Dieu. »
>
> (Paroles de Marie-Clotilde, 1917).

La terre était bonne... les semailles avaient été fructueuses; le grand Soleil eucharistique et la rosée mariale avaient fécondé les germes cachés dans le sillon généreux... Mais autour de la tige frêle qu'une pluie d'orage peut incliner vers la terre, qu'un pied maladroit peut souiller de boue, que l'aile trop rapide d'un oiseau peut découronner; autour de cette tige frêle, la Providence, dans sa miséricorde, a placé des ouvriers vigilants : les parents, les maîtres, le confesseur. Aucun ne manquera à Marie-Clotilde.

La Famille! Que ce mot lui était cher. Rien ne lui semblait meilleur que de se retrouver dans l'intimité du foyer. « Oh! maman, disait-elle souvent, pendant le long exil des quatre années de guerre, comme ce sera bon de se retrouver bien « chez nous », tous les quatre, en famille! »

Elle aimait sa grand'mère, ses tantes, ses oncles, mais rien ne valait pour elle l'atmosphère particulière, la chaude union des cœurs au foyer. Et quand chez les uns ou les autres elle retrouvait les mêmes habitudes, de suite cela la mettait à l'aise. « Tante, disait-elle un jour, j'aime bien venir chez toi; c'est un peu comme chez nous. » Les permissions du papa étaient des fêtes auxquelles on pensait longtemps à l'avance. « Quand papa sera là, on sera tout à fait en famille! » Et on faisait des projets... Les repas pris hors de la maison lui étaient pénibles et elle soupirait après le moment où les circonstances nous permettraient de revivre notre vie familiale. Pendant quelques semaines, cette joie lui fut donnée; avec quel empressement elle disposait le couvert, se chargeait de tel ou tel détail, ou m'aidait à préparer le frugal menu. Tout lui semblait meilleur fait par sa maman! Et la chère enfant ne savait comment exprimer son contentement. Puis le papa avait fait espérer sa visite, il voulait goûter d'un petit plat fait par Marie-Clotilde toute seule! Elle s'y préparait de son mieux, cherchant à me suppléer à l'occasion.

Ma maladie vint mettre fin au beau rêve, et à la place de la douce intimité de notre « chez nous », ce fut la séparation pendant de longs mois.

« Chez nous! » C'était le refrain d'un chant que la chère mignonne redisait souvent. Hélas! le divin Père des cieux qui lui mettait au cœur la nostalgie du foyer, allait l'appeler à un autre « chez nous », à la vraie maison de famille qui ne connaît ni les obus meurtriers, ni les séparations cruelles... l'éternel « chez nous », où tant d'absents nous attendent, d'où elle aussi maintenant nous attire et nous tend les bras.

Son Papa! Combien elle l'aimait! Il y avait entre le père et la fille des affinités toutes particulières de tempérament et de caractère; ils se devinaient l'un l'autre; parfois la lenteur ou la timidité de la chère petite exaspérait sa trop vive maman; avec indulgence, papa plaidait la cause de la petite « lambinette », trouvant les excuses les meilleures.

Vienne la guerre, et le cher absent, dans des lettres charmantes, saura entretenir la confiance filiale, glisser les conseils, encourager les efforts, et dans une note toujours discrète, mais forte et suave, élever tout doucement l'esprit aux saines vérités comme aux pieux sentiments.

Au moment de Noël, il parle de la visite du petit Jésus, mais ne veut pas qu'on oublie les souffrances des pauvres soldats; au mois de mai 1918, le dernier de notre petite Marie-Clotilde, c'est lui qui demandera qu'on prie en famille autour de la statue de la très sainte Vierge... car il suppose bien que « même pendant la guerre, on fera le mois de Marie... »

Pour répondre à cette affection paternelle, la chère petite avait de véritables trouvailles... Elle s'efforce de gagner de bonnes places et de bonnes notes pour envoyer des douceurs à papa avec les petits bénéfices qu'elle en retire. En pension, elle écrit régulièrement à son papa et à sa maman, trouvant à dire à chacun ce qu'elle sait qui fera plaisir. Son père était même surpris de constater dans une enfant un sens si averti des nuances.

De fait, ce sentiment ne peut s'expliquer que par le rayonnement du surnaturel. Voulant faire plaisir, elle habituait son intelligence précoce et son cœur aimant à deviner ce qui ferait la joie des autres; et cela, sans effort, sans apprêt, tout simplement, comme elle faisait toutes choses.

Que dirais-je de sa tendresse pour sa maman! Ici, je devrais abandonner la plume. Ceux qui connurent Marie-Clotilde savent quelle fut son affection, je pourrai dire son culte, pour sa mère.

Durant ses dernières années surtout, l'âme de la chère enfant entrait de plus en plus dans le mouvement de la mienne; sans bien savoir comment, elle devinait dans l'amour maternel un amour unique, d'une force invincible, mais qui prend des reflets divins quand il s'abreuve aux sources de la grâce.

J'avais bien soin, au reste, d'ancrer dans cette âme un esprit de foi profond. J'estime que tout est gagné quand, à travers les parents, l'enfant sait reconnaître Dieu qui parle, Dieu qui agit, Dieu qui commande, Dieu qui aime. Le respect devient chose facile, l'obéissance ne se discute plus, l'amour devient de la vénération, une sorte de culte qui s'appelle du reste : le culte filial. L'enfant bien vite s'habitue à ne voir de ses parents que ce qu'il y a en eux de divin; ils lui paraissent impeccables et parfaits. Quelle source de fécondité pour l'éducation!... Ce surnaturel, Marie-Clotilde en était pénétrée : « Oh! ma maman, disait-elle, avec du feu dans le regard, ma maman, comme je t'aime... D'abord tu ne fais jamais de péché! » Ou encore, s'efforçant de bien travailler ou de corriger ses défauts : « Quand on fait plaisir à son papa et à sa maman, on est sûr de faire plaisir au bon Dieu, puisque le papa et la maman sont les représentants du bon Dieu ! »

Les innocentes surprises des sabots de Noël et des cloches de Pâques, lui paraissent faciles à expliquer. Trop fine pour ne pas en deviner le mystère, elle savait ne rien perdre du charme de ces pieuses légendes. Pour elle c'était bien le petit Jésus qui donnait, mais par ses messagers habituels, les parents, et tout s'expliquait.

Sous les obus qui la font frémir, elle se cabre, mais retrouve son énergie pour affirmer qu'elle ne veut pas quitter « Maman ! » Quand la maladie m'arrête, elle ne veut pas aller au loin chercher la douceur d'un autre foyer accueillant « loin de maman ! »

Je la vis, toute petite, éclater en sanglots pour me quitter quelques heures. A cinq ans, après un court séjour chez sa bonne grand'mère que pourtant elle affectionnait, elle revient chez nous et ne faisant qu'un bond sur le lit où me cloue la maladie : « Oh ! maman, s'écrie-t-elle, je m'ennuyais de toi ! »

La suprême menace, quand j'avais à me plaindre de quelque défaut encore trop saillant, était de lui dire que j'allais la mettre en pension... Quelles supplications ! Quelles promesses ! « Non, pas pensionnaire, maman ! Rester avec toi, pensionnaire chez toi ! »

Affectueuse, caressante, câline, elle souffrait quand mes occupations m'empêchaient de satisfaire ce besoin si naturel de tendresse filiale. Mais quand une halte me permettait de l'attirer près de moi, comme elle était heureuse. L'enfant sevré des caresses maternelles garde au cœur un vide que rien ne peut remplir! Elles sont à l'enfant ce que la chaleur est à la planlte. Marie à eu des caresses ineffables pour Jésus et Jésus les lui a rendues avec des délicatesses infinies.

« Maman, ma maman, me dit-elle un jour, en se serrant contre moi, je t'aime tant, vois-tu que je voudrais me faire toute petite et me cacher dans toi! » Sentiment si humain, que Jésus l'a épousé lui-même en prenant notre nature et qu'il a voulu faire, dans sa Toute-Puissance divine, ce que ni mère ni enfant ne peut réaliser : dans la divine hostie, pour s'unir complètement à nous, Il vient en nous.

J'ai parlé de la haute idée qu'elle se faisait de ses parents; un jour, nous avions rencontré une personne dite élégante et nous n'avions pas pu nous empêcher de rire de son accoutrement; l'enfant, dans son franc bon sens, me dit : « Mais, maman, cette dame se tient la joue comme si elle avait mal aux dents. Ce n'est pas étonnant, elle doit avoir froid aux pieds, avec ses bas à jour, par le temps qu'il fait! » (C'était en plein hiver)... Je l'approuvai, puis après quelques commentaires : « Et qu'est-ce que tu dirais si je m'habillais comme cela? » Elle eut comme une tristesse dans le regard, puis, serrant ma main qu'elle tenait, elle répondit d'un air grave : « Ce ne serait plus maman, et puis... je t'aimerai moins! »

Si l'on critique ses parents, elle souffre; elle dira un jour à quelqu'un : « Cela me fait mal, quand on dit du mal de maman devant moi! » Cette affection saura se traduire en dévouement. Ma santé ébranlée m'oblige à de grands ménagements. Surprise par une averse, je veux presser le pas pour revenir à la maison toute proche. Je tiens l'enfant par la main : « Cours en avant ma mignonne, lui dis-je. » Elle court, mais me voyant courir aussi, toute effarée, elle revient : « Maman, ne cours pas. Le docteur te l'a défendu ! » Et il y avait dans ce cri tant de frayeur inquiète, que pour la rassurer, je dus ralentir mon allure et me mouiller un peu.

Plus tard, arrêtée par une crise de rhumatismes violents, je dois lui permettre de me soigner ; avec une sollicitude émouvante, elle s'applique à me frictionner sans avouer aucune fatigue, et lorsque, la voyant tomber de sommeil, j'oublie volontairement de lui demander ce service, elle se relève malgré moi pour soigner « sa maman ». Généreusement elle fait le sacrifice de sa classe, qu'elle aime tant, pour m'aider au ménage. Et quand, craignant quelque imprudence, je modère ses efforts : « Oh ! quel malheur d'être encore si petite, s'écrie-t-elle, et de ne pas pouvoir soigner sa maman ! » Et petite novice de neuf ans, elle met tout son cœur à faire l'apprentissage du rêve de dévouement qu'elle caresse pour plus tard.

Enfin, pour clore ce chapitre, je parlerai de la bénédiction maternelle. Chaque soir, en les bordant dans leur petit lit, je trace le signe de la croix sur le front de mes enfants. Cette habitude traditionnelle lui était aussi chère qu'elle me le fut à moi-même. Si, pour la punir d'une faute, je l'en privais, des torrents de larmes arrosaient sa couchette et bientôt s'élevaient des supplications : « Maman, pardon, je ne recommencerai plus ! Fais-moi la petite croix. » Et si je jugeais bon d'attendre un peu, pour rendre la leçon plus efficace, il lui arrivait de se lever pour venir chercher et son pardon et la petite croix. Un soir, la croyant endormie, je m'approchai... « Tu ne dors pas ? — Non, maman, tu ne m'as pas fait la petite croix ! »

Quant vint la séparation, je pris l'habitude, à la fin de mes lettres, de faire une petite croix que j'embrassais ; elle y trouvait et la bénédiction et le baiser de sa maman. Dans sa naïveté charmante, elle usera du même procédé ; dans ses dernières lettres, je trouve couramment au-dessous de sa signature, gentiment imitée de la mienne, ces simples mots : « J'embrasse la petite croix !... »

Lorsqu'on l'emportera pour être opérée, cette bénédiction fut mon geste d'adieu, et avant que le blanc linceul recouvrît à jamais son cher visage, je lui fis une dernière « petite croix ». Puisse ce signe qui lui fut si cher, rayonner sur son front dans l'Eternité !

Marie-Clotilde était bonne élève ; elle aima toujours beaucoup ses maîtresses qui le lui rendaient. D'une intelligence ouverte, réfléchie, elle apprit à lire en se jouant et lisait couramment à cinq ans. En classe, elle ne restait jamais oisive : « Il est impossible, me disait sa maîtresse, que Marie-Clotilde ne fasse pas de progrès, elle ne reste jamais un moment sans rien faire. » Elle témoignait de réelles dispositions pour le dessin aussi bien que pour la musique ; à six ans, après une seule leçon, elle avait appris à lire ses notes toute seule. Sa voix timide avait un timbre agréable et, dans la conversation, gardait quelque chose de doux et de chantant.

Durant le séjour dans Arras bombardée, il y eut ralentissement des études, mais non arrêt complet ; puis vinrent les mois d'accalmie passés

chez sa grand'mère, où l'expérience pédagogique
de celle qu'elle appela toujours sa « petite tante »
donna à cette jeune intelligence ses premières no-
tions. Aussi, à la rentrée d'octobre, se classa-t-
elle première parmi des enfants plus âgées qu'elle
d'un an et davantage. Lorsque la mort la frappa
à dix ans, elle tenait la tête de la classe du certi-
ficat d'études.

Comment ses maîtresses n'auraient-elles pas
affectionné cette bonne petite élève? Jamais chez
elle l'ombre de mauvais esprit. Quelle déférence,
quel respect, quelle soumission dans ces mots :
« Mademoiselle l'a dit ! » Désobéir lui paraît chose
impossible. Et je ne crois pas m'avancer trop en
assurant qu'elle ne dut jamais causer à aucune
de ses institutrices une bien grosse peine. J'en ai
le témoignage de sa directrice de pensionnat,
qu'elle aimait beaucoup : « On n'a pas eu un reproche à lui faire depuis quatre mois qu'elle est
pensionnaire!... » m'affirma-t-elle, quand je vins
la rechercher.

Combien de fois la chère enfant ne me dit-elle
pas : « Tu sais, maman, j'aime beaucoup Madame la Directrice... Quand elle explique le catéchisme, elle dit tout à fait comme toi ! »

J'ai retrouvé dans ses livres et ses cahiers, des
notes prises à ces cours d'Instruction religieuse;
j'ai pu m'assurer par moi-même que si, père et
mère, nous avions essayé de faire quelque chose
pour former notre enfant, celle à qui nous
l'avions confiée eut sa large part dans l'épanouissement de cette petite fleur du ciel.

Je serais incomplète et injuste, si parmi ceux
et celles qui la cultivèrent, j'oubliais celui qui
dans l'intimité surnaturelle du confessionnal,

remplit un rôle si éminemment éducateur.

Ami intime et disciple de Monsieur l'abbé Bellanger, dont la mémoire est en vénération dans le diocèse d'Arras, le prêtre auquel je confiai Marie-Clotilde était tout imprégné d'esprit marial. Il s'attacha à mes enfants, dont il se disait gracieusement le « papa spirituel ».

Marie-Clotilde avait en lui une confiance absolue, et ne voulant pas la priver d'une direction aussi précieuse, j'obtins toutes facilités pour que, même pensionnaire, elle pût continuer à s'adresser à lui.

Jamais la chère enfant, qui avait à un degré si rare la pudeur des choses de Dieu, ne me révéla le secret de ces entretiens. Mais sans aucun doute, c'est là qu'elle reçut cette empreinte mariale et ce culte du rosaire qui est un des traits les plus accusés de sa physionomie surnaturelle.

Aujourd'hui, le prêtre de Jésus et de Marie a retrouvé au ciel, dans sa beauté, cet Ange de la terre qu'il avait formé et qu'il aimait tout paternellement.

CHAPITRE IX

Cent pour un.

Qualités naturelles : Aspect extérieur. — Amour
propre légitime. — Exquise sensibilité. — Sûreté de goût. — Amour de la nature.

Vertus : Piété. — Le Signe de la Croix. — Sens
liturgique. — Le règne du Sacré Cœur. —
L'Apostolat. — La lecture. — Esprit surnaturel. — Obéissance. — Le bien pour le mal. —
Les petits. — Son petit frère. — Esprit pacifique.

Vie intime : Pureté. — Tout dire à maman. —
Pudeur des choses divines. — Délicatesse. —
Essais de mortification.

> « On nous a dit au catéchisme
> « qu'il y avait des gens qui fai-
> « saient des péchés exprès ; mais
> « moi, maman, quand je fais des
> « péchés, c'est que je n'y pense
> « pas ! Si j'y pensais, tu comprends
> « bien, je n'en ferais jamais. »
>
> (Paroles de Marie-Clotilde, 1917)

« La grâce de Dieu n'a pas été stérile en moi »,
disait saint Paul, et dans l'Office de saint Stanis-
las Kostka, l'église met ces paroles sur les lèvres
du prêtre : « Arrivé en peu de temps à la perfec-
« tion, il a fourni une longue carrière, car son
« âme était agréable à Dieu. C'est pourquoi il
« s'est hâté de la tirer du milieu de l'iniquité. »

6.

Comme ces paroles s'appliquent bien à Marie-Clotilde! Dans cette âme prédestinée, la grâce de Dieu a été féconde et bien des vieillards, penchés sur le seuil de la tombe, voudraient emporter entre leurs mains une gerbe aussi riche que celle de cette enfant de dix ans. Il serait exagéré de dire qu'elle avait atteint la perfection... A cet âge, il y a des vertus que l'enfant ne soupçonne même pas, des défauts qu'il ne reconnaît pas. Marie-Clotilde ne fut pas une enfant prodige; ce qu'elle fit, toutes les enfants de son âge peuvent le faire... Mais, ce qui est certain, c'est qu'elle a marché très rapidement dans la voie du progrès; parfois une sorte d'inquiétude se mêlait chez moi à l'admiration : « Pour aller si vite, où Dieu voulait-il la conduire? »

Au mois d'août 1917, après un séjour chez une de ses tantes, celle-ci m'écrivait : « Je suis stu-« péfaite de la perfection de cette petite. L'an « dernier, il y avait encore quelques om-« bres, cette année, plus rien! son oncle n'en re-« vient pas. Il n'a jamais vu une obéissance sem-« blable. » Mon cœur, tout en goûtant ces paro-les, se serrait pourtant. Quels étaient donc les desseins de Dieu sur cette enfant? Ne la rendait-il si parfaite que pour la préparer à de grandes souffrances, ou au suprême sacrifice?... Les pressentiments maternels trompent rarement.

A dix ans, Marie-Clotilde était une belle enfant, solidement membrée, plutôt grande pour son âge, ordinairement calme, d'une physionomie très douce, animée par un regard intelligent, éveillé, et qui à certaines heures, prenait des lueurs de flamme quand la tendresse de son cœur déjà si chaud, presque passionné, montait jusqu'à ses yeux... Un sourire constant errait gracieusement sur ses lèvres, ce sourire « particulier » qui frappera bien des personnes et trompera ceux qui l'approchèrent jusqu'à la dernière heure.

Sérieuse au travail, ayant dans son amour-propre naissant la légitime ambition de réussir, elle ne voulait pas arriver en retard en classe et parfois je devais me fâcher pour obtenir qu'elle achevât son déjeûner avant de partir. Elle craint d'être grondée, punie; l'humiliation lui répugne; quoi d'étonnant! Crainte aussi de faire de la peine; ce seul mot suffit pour vaincre une résistance ou provoquer son repentir.

Ordonnée de sa personne, elle aime à être bien mise; elle aurait eu facilement une pointe de vanité bien naturelle à son âge; mais le divin ouvrier des âmes voulut que ma situation très précaire durant la guerre, tout en lui permettant une mise convenable, ne put que rarement y ajouter ces mille riens qu'aiment les fillettes. Quand je le pouvais faire, elle m'en témoignait une joie toute naïve. S'en voyait-elle privée, généreusement elle en faisait le sacrifice et pour ne pas me faire de peine, paraissait en prendre gaîment son parti.

Dans sa piété si profonde, quelques-uns voulurent voir une sorte de flatterie filiale; ce sentiment, s'il exista chez elle, fut à coup sûr inconscient. C'est quelque chose, en tout cas, que d'avoir trouvé en elle ou autour d'elle matière à des réflexions qui me surprenaient... Et de savoir que je les goûtais, n'était-ce pas pour elle un encouragement à les vivre?

J'ai parlé de la tendresse de son cœur. Ce n'était pas sans appréhension que j'entrevoyais les souffrances que lui réservait ce don précieux et dangereux à la fois; c'est pourquoi, sans briser cette sensibilité, je voulais l'éclairer et l'élever.

L'éclairer en lui signalant certains écueils. Ainsi, pendant quelques mois, je m'occupai d'un enfant séparé de sa mère par l'invasion allemande. J'aimais à l'avoir avec moi, à l'emmener en promenade, à lui donner quelque chose de l'affection maternelle dont il était privé. La chère petite s'attacha à lui fraternellement : elle pleurait quand je grondais son petit ami Jean et avait mille moyens d'adoucir les punitions qu'il s'attirait parfois. Mais déjà se dessinait en elle une certaine coquetterie d'allure toute féminine dans sa façon de parler, d'agir, de rire, que sais-je? La tendance reconnue fut immédiatement réprimée. Je la mis en garde contre ces sortes de choses. Elle comprit vite, pleura beaucoup, puis me demanda pardon : « Je ne savais pas, maman, qu'il ne fallait pas le faire. » Et depuis, si le naturel semblait accourir, un seul regard suffisait à la rappeler à l'ordre.

Pour élever sa sensibilité, il n'y eut qu'à la tourner vers Dieu; bientôt, comme le lys qui cherche le soleil, ce cœur innocent se tournera vers Lui sans cependant ravir à la terre son parfum.

Désormais, elle prodiguera son bon petit cœur aux siens : à son frère qu'elle aima comme une vraie petite maman; à sa parenté, tout en sachant cacher ses préférences et comme elle disait ingénûment : « en essayant de contenter tout le monde », aux amis de la famille... Ceux qui la possédèrent quelques jours avant sa mort se souviennent encore de la spontanéité de son affection. La chère tante, ange tutélaire de ses derniers jours, sait bien avec quelle expansion la chère mignonne témoignait sa tendresse.

Ne l'avions-nous pas, toutes deux, considérée avec attendrissement, blottie avec une de ses petites compagnes dans un coin du magasin, et lui prodiguant de gentilles caresses avec un abandon charmant. Ce fut sa dernière amie.

Son goût très sûr la guidait dans ce choix comme en toutes choses. Il est rare de rencontrer chez une enfant si jeune, tant de sûreté de jugement. Alors que beaucoup d'enfants suivent malheureusement le courant du mauvais exemple, elle s'en éloignait d'instinct, recherchant l'amitié de celles dont l'éducation, la piété et le travail concordaient avec ses propres qualités. Dans une circonstance, je la vis d'elle-même renoncer à fréquenter une fillette « parce que, m'avoua-t-elle, elle ne parle pas bien à sa mère et n'a pas un genre que tu aimerais. » Le sentiment de sa supériorité, elle ne l'imposait pas, elle le sentait : peut-on lui en faire grief? Elle réservait ses préférences; ce n'était pas orgueil, mais prudence. Du reste, je l'avais habituée à ne pas mépriser les enfants moins bien douées ou moins bien élevées qu'elle, lui faisant comprendre que ce n'était pas de leur faute. Elle n'en était que plus reconnaissante au bon Dieu des grâces reçues. Dans le même ordre d'idées, tout en lui inspirant l'horreur du péché, je l'inclinais à l'amour du pécheur, afin de prévenir de bonne heure, dans cette petite nature déjà si compatissante, l'ombre même de la malveillance. Jusqu'à la fin, elle gardera cette habitude d'excuser et de compâtir... sans toutefois se compromettre où elle ne se sent pas à l'aise.

Naturellement portée vers le beau, elle aime la nature, les fleurs, les oiseaux, tout ce qui est joli; elle a une justesse d'appréciation étonnante et bien souvent la consultant sur quelques détails de toilette ou autre, j'étais surprise de la netteté et de la décision de sa réponse. Bienheureux les cœurs purs. Ils voient Dieu. Il voient la claire beauté... toute laideur leur répugne.

« Si le Seigneur n'édifie lui-même la maison,
« c'est en vain que travaillent ceux qui l'élèvent...
« Si le Seigneur ne garde la cité, c'est en vain
« que veille celui qui la garde... »

Malgré ses qualités naturelles, Marie-Clotilde n'aurait pas atteint la réelle vertu que nous admirons en elle, si l'Esprit Saint lui-même et la Vierge Marie ne s'étaient chargés d'élever ce merveilleux édifice.

La piété, une piété solide, basée sur une instruction religieuse approfondie et développée, telle est la base indispensable de toute sainteté. Nous la trouvons à un degré déjà avancé dans Marie-Clotilde.

J'ai déjà parlé ailleurs de sa foi, de son amour pour Jésus-Eucharistie et la Très Sainte Vierge. Mais rien d'étroit dans sa piété. La chère enfant a soif de connaître et de vivre la Religion intégrale. Quel zèle pour l'étude du catéchisme... J'y tiens, elle le sait, et cherche à remporter des succès dans les compositions. Mais ce n'est certes pas pour me faire plaisir qu'elle prendra au crayon ces notes rapides que j'ignore et que je ne retrouverai qu'après sa mort.

Elle a ce que j'appellerai les grandes dévotions; tout d'abord le signe de la Croix. J'avais essayé de lui faire comprendre la beauté de ce signe de la Croix, le drapeau du chrétien, et je ne supportais jamais la moindre négligence à le faire. Mais il fut vite inutile de renouveler la recommandation : elle avait compris qu'un signe de Croix bien fait est une gloire pour Dieu, un rempart contre le démon, une édification pour le prochain.

Du reste, elle aimait à penser aux souffrances de Jésus. Son petit cœur en était attendri; elle aurait voulu le soulager. Elle n'avait pas six ans quand elle fit avec moi son premier chemin de Croix; c'est un exercice très attrayant pour les enfants. On change de place souvent, ce qui rompt la monotonie, et puis les petits compatissent tout naturellement aux souffrances du corps, les seules qu'ils soient capables d'apprécier. Plus tard, elle fera seule cet exercice, particulièrement à son jour d'union à l'archiconfrérie de prière et de pénitence de Montmartre. La petite sœur Thérèse de l'Enfant Jésus lui est bien chère aussi; elle a lu l' « Appel aux petites âmes »; mais quand je lui fais choisir entre diverses images de la sainte Carmélite, elle jette son dévolu sur celle qui la représente couvrant son Crucifix de roses. N'est-ce pas en faisant un lit de roses pour le petit Jésus, avec les *Ave* de son Rosaire, qu'elle aime à préparer ses communions?

Elle goûte les prières de l'Eglise. Le *Pater* fait ses délices. « J'aime beaucoup dire le « Notre Père », m'avouera-t-elle. Dans la chapelle du collège, les sœurs lui font charitablement une petite place près d'elles, dans une tribune tout près du chœur; de là, elle peut suivre toutes les cérémonies de la Grand'Messe; son petit livre ne lui suffit pas. Elle prend mon Missel Vespéral et s'y retrouve très bien pour suivre l'ordinaire de la messe et chercher le propre du Temps. Je suis moi-même surprise de ce changement, car jusque-là, elle n'aimait pas les cérémonies trop longues.

Formée à l'école de Marie, comment la chère enfant n'aurait-elle pas été amenée au Sacré-Cœur? « Cœur Sacré de Jésus, que votre règne arrive », disions-nous souvent. Elle me demanda l'explication de cette invocation et depuis, aimait à la répéter. Le fanion du Sacré Cœur était chez nous en bonne place. Elle portait avec fierté et joie le médaillon « espoir et salut de la France » et priait surtout de toute son âme pour que l'image du Sacré-Cœur ornât bientôt le drapeau de la France.

Elle a compassion des pauvres pécheurs. Nous parlons souvent des soldats à convertir; dans ma classe, mes petits élèves gagnent des « hosties », destinées à être envoyées sur le front; elle en est pieusement jalouse et pour la satisfaire, il faut que je l'autorise à en gagner aussi... Avec quel soin elle m'aide à faire le précieux envoi. Elle sait bien que ce qu'elle touche n'est que du pain, mais ce pain deviendra Jésus et elle a bien soin de laver ses mains avant de venir m'aider.

Jusqu'au bout, elle écrit les petits sacrifices qui achètent les hosties et lorsque les soins à prendre durant sa courte maladie lui sont particulièrement douloureux, c'est encore pour les soldats qu'elle offre ses souffrances. La pensée du salut de la France, de la fin de la guerre l'occupe : « Aujourd'hui, m'écrit-elle, nous avons fait une longue promenade; nous sommes entrées à l'église, où j'ai dit une dizaine de chapelet pour la France. »

La lecture est à la fois une ressource et un danger pour une intelligence si précoce; elle aimait passionnément à lire.

Elle lit et relit les livres de son âge, et revient de préférence à son *Etoile*, à de pieuses anecdotes ou à de petites biographies d'âmes pures comme la sienne. Ainsi a-t-elle lu, avec Thérèse de l'Enfant Jésus, Gérard Majella, et l'aimable Gertrude-Marie; je ne parle pas du Grand Catéchisme et de l'Histoire Sainte en images, qu'elle aime à raconter à son frère et à relire elle-même.

Sa grand'mère lui a envoyé « La Piété enseignée aux enfants », de Mgr de Ségur; elle en lit seule ou avec moi un chapître de temps en temps, puis écrit à son papa qu'elle trouve bien intéressant ce livre qu'il lisait quand il était petit. Je m'efforce de donner à son âme le goût de l'Evangile. J'en explique un passage, le soir, après la prière et, si je l'oublie, elle réclame le pieux entretien. « Quel malheur, maman, de ne pas être dans ta classe pour entendre ce que tu dis à tes élèves! » Et pour satisfaire ce désir d'entendre parler du Bon Dieu, j'essaye de lui répéter les petites leçons de morale dont elle regrette d'être privée. Ainsi nourrie de la moëlle du Christianisme, la piété d'abord gracieuse de l'enfant va revêtir des aspects plus virils. Il ne lui suffira plus de couvrir de baisers les images de ce petit Jésus qu'elle aime tant, elle sentira que cet amour demande des preuves plus fortes et que Celui dont elle se dit déjà la future épouse entend dès maintenant trouver en elle de véritables fruits de vertu.

Aller à Dieu, pour les âmes pures, est une chose presque naturelle, mais combien plus difficile de le reconnaître à travers le voile des créatures, derrière lequel il se cache pour éprouver notre foi. Cependant ne l'a-t-il pas affirmé : « Ce que vous ferez au plus petit d'entre les miens, c'est à moi-même que vous le ferez. » La parole est formelle : l'esprit surnaturel! telle est est donc la condition indispensable pour remplir nos devoirs envers le prochain avec la perfection voulue de Dieu.

J'ai déjà dit comment la chère enfant envisageait l'amour familial à ce point de vue.

Basée sur le même principe, son obéissance atteindra à une perfection rare. Elle ne peut pas comprendre qu'on enfreigne une défense : « Mais puisque maman l'a défendu!... » Les moindres recommandations sont pour elle des ordres dont elle n'a pas à juger l'importance. Du pensionnat, elle m'écrit : « Je n'ai que « presque très bien » en conduite, parce que dans ma chambre il y a aussi deux petites filles qui sont longues à s'habiller; alors, samedi, j'allais m'en aller de la chambre parce que j'étais prête et la plus grande m'a dit de l'attendre; alors, comme je ne savais pas qu'il ne fallait pas s'attendre, je l'ai attendue et nous nous sommes fait gronder, et baisser notre note de conduite; mais maintenant je ne l'attends plus... »

L'hiver, elle a beaucoup d'engelures, mais elle les supportera sans se plaindre, sans se frotter les pieds, ce qui est défendu en classe, sans négliger de mettre ses gants, au risque d'ensanglanter ses petits doigts.

Celui qui a dit : « Aimez vos ennemis, priez « pour ceux qui vous persécutent », veut demander quelque chose de cette abnégation à cette enfant de neuf ans à peine.

Ses succès lui ont valu quelques jalousies; elle en souffre; plusieurs fois son petit cœur aimant déborde de tristesse et elle pleure en me disant qu'on ne veut pas jouer avec elle. Le cœur de la maman saigne aussi, mais il ne faut pas que l'enfant le sente et y trouve une raison de grossir ses plaintes. Je l'encourage au contraire à être bonne avec celles-là mêmes qui la font souffrir, à leur rendre quelques petits services, surtout à prier pour elles! — Elle essaye et tout d'abord ses efforts sont infructueux. Mais bientôt je constate une accalmie et je lui demande si ça va mieux : « Oh! maman, Madeleine est maintenant ma meilleure amie! » La grâce a triomphé et ce cœur a grandi dans la lutte et la souffrance.

Par goût, ce sont toujours les petits et les faibles qui l'attirent... « J'aime bien jouer avec les petites, me dit-elle, et elles aussi aiment bien jouer avec moi. » Elle sait, en effet, ce qu'il faut pour les distraire; depuis si longtemps, elle remplit ce rôle de petite maman. L'une d'elle particulièrement a toutes ses préférences. « Je ne sais pas pourquoi on ne l'aime pas, maman; moi, je vais toujours avec elle, et je prends sa défense! » Cette enfant n'a plus de mère et cela lui donne un droit de plus à l'affection de Marie-Clotilde.

Que dire de sa sollicitude pour son petit frère... Envoyé par la Providence, l'année même où les deux autres s'étaient envolés vers les Cieux, il semblait, pour tous, le rayon de soleil revenu au foyer, la fleur gracieuse épanouie de nouveau au parterre de la famille. La grande sœur qui avait profondément senti le vide des chers disparus, lui voua une tendresse sans bornes. Elle n'a pas quatre ans, que déjà elle lui rend de petits services...

Elle aime me regarder faire sa toilette, disposer brassières, chaussons et langes... Ne me dira-t-elle pas un jour : « Je voudrais que le Bon Dieu nous envoie encore un petit frère et deux petites sœurs... et moi, je serai la petite maman de tout ce monde-là... » Elle apprend à sa manière le catéchisme à son petit frère et, quand, étonnée de ses réponses, je demande au cher mignon : « Mais qu'est-ce qui t'a appris cela? » Très simplement, il me répond : « Mais c'est Lolotte! » (Nom familier donné à Marie-Clotilde). Sa Lolotte! Il a en elle une confiance absolue; elle le sent, et jouant jusqu'au bout son rôle de protectrice, elle saura quelquefois taire ses propres frayeurs pour calmer les siennes.

Elle apprend vite à l'habiller et à le déshabiller. Le petit espiègle prend un malin plaisir à la taquiner; il s'amuse à plonger ses menottes dans sa chevelure et à tirer très fort... Pleurant et riant à la fois, la grande sœur ne se fâche pas : « puisque ça l'amuse ». Et s'il arrive à lasser sa patience, ce n'est qu'un mouvement d'humeur bien passager. « Tu comprends, explique-t-elle à sa tante, maman m'a dit qu'il fallait toujours céder à Jojo parce qu'il était petit. » Elle obéit simplement, comme toujours.

Au mois de décembre 1915, son frère a une bronchite. Je ne puis abandonner ma classe. Marie-Clotilde n'a pas encore huit ans, mais elle accepte de bon cœur de faire la garde-malade. Elle va perdre de bonnes places en composition et des récompenses, fruits d'un travail persévérant. L'effort est méritoire; il lui en coûte, « mais, dit-elle, qu'est-ce que ça fait au petit Jésus qu'on n'ait pas de prix? Il aime bien mieux qu'on obéisse à sa maman... » Et alors, quelle vigilance, quelle sollicitude pour protéger son frère contre le froid, pour lui donner des boissons chaudes et entretenir le feu. Ceci me met dans les transes. Lorsque j'accours, entre deux classes, je tremble de les trouver tous deux carbonisés... Mais les bons anges veillent.

Parfois, au contraire, le poële s'est éteint et ce sont des larmes : « Je n'ai pas fait exprès, maman ! » Je le sais bien; je console la chère enfant et répare le malheur, tandis que le cœur serré, je pense au fardeau vraiment au-dessus de son âge, que la Providence, jalouse de hâter son œuvre, impose à des épaules si jeunes.

A son tour, quand elle a communié, elle apprend au cher petit à embrasser Jésus dans son cœur. Il soupire aussi après la divine présence, et dès cinq ans, je l'amène au Divin Ami; ensuite, ce sera avec sa grande sœur, que, chaque matin, il ira au rendez-vous eucharistique; c'est d'elle qu'il apprendra la douce intimité avec Jésus; les cœurs innocents ont un langage qui leur est spécial... Ils se comprennent! Mieux que moi, elle pouvait découvrir à cet autre lys les parfums pénétrants de l'hostie. Quand la maladie me force à m'éloigner, elle sent davantage son rôle maternel et va jusqu'à me remplacer pour lui faire la « petite Croix » qui, dit-il « l'aide à être plus sage ». Et comme la séparation menace de se prolonger, elle me supplie de venir les chercher : « Ce n'est pas tant pour moi que pour le petit Jojo, qui s'ennuie, loin de toi... Il a bien du chagrin quand je m'en vais, ce pauvre chéri. Mais je le console comme tu sais et il n'a plus tant de chagrin... » Cette lettre, je l'ai retrouvée inachevée parmi ses petites affaires. Son cœur délicat n'avait-il pas craint de me causer de la peine en me l'envoyant?

Elle aime à faire des surprises à son frère : l'*Etoile Noëliste* lui donne le secret de fabriquer de petits jeux à peu de frais; elle s'y exerce et réussit fort bien, mais c'est ordinairement pour son Jojo qu'elle travaille ainsi, et cette pensée l'accompagne jusqu'au dernier moment.

Un autre caractère de sa charité est son esprit pacifique. Elle aime la paix. Elle a été habituée au calme dans le foyer familial; les discussions, les disputes, les tiraillements lui sont une véritable souffrance. Aussi s'efforce-t-elle de ménager les susceptibilités de chacun. Si je gronde un peu fort, sa physionomie devient plus pâle, ses yeux se cernent... Tout son être souffre. Si une discussion surgit, elle n'est heureuse que quand l'accord est fait. Sa mort même laisse émaner quelque chose de cet esprit de paix, l'esprit même de Jésus... et c'est près de sa tombe, après les horreurs de la guerre, que se retrouveront, plus unis que jamais, tous ceux qu'elle a aimés.

« Toute la beauté de la fille du Roi est au-de-
« dans et cependant elle resplendit de vêtements
« aux franges d'or, aux couleurs variées. »

L'Ecriture sainte applique ces paroles symboliques à la Vierge Marie; toute proportion gardée, ne peuvent-elles s'appliquer à notre pieuse enfant? Nous venons de contempler les vertus extérieures qui forment le riche vêtement de cette âme d'élite. Les traits épars que nous en avons recueillis ne sont en effet que des franges d'or laissant soupçonner la beauté de son vêtement de gloire, où la variété ne le cède en rien à la richesse... Que dirons-nous de sa vie intérieure? Ame délicate, elle possède à un degré rare la pudeur des choses de Dieu. Toute sa beauté est véritablement au-dedans, et ce n'est que par surprise, comme le jet de flammes s'échappe de la fournaise, que nous pourrons surprendre quelque chose de ce qui se passe dans ce cœur de dix ans. Souvent, je l'avoue, moi, sa mère, j'ai été dans l'admiration de ce que j'entrevoyais aux clartés de la foi; il m'est arrivé de faire mon action de grâces auprès d'elle, en ne sachant que remercier Dieu de m'avoir confié un pareil trésor, et, la sentant si parfaite, j'aimais à me présenter à lui, abritée derrière la vertu de mon enfant.

Cependant, essayons de jeter un coup d'œil sur ce jardin clos si jalousement fermé.

Que dire de la pureté de son âme? Le mal lui fait horreur. Le connaître, c'est le fuir. Au catéchisme, on enseigne à distinguer les fautes volontaires des fautes de faiblesses; elle s'étonne : « Maman, on nous a dit au catéchisme, qu'il y avait des gens qui faisaient des péchés exprès ». Et comme je suis obligée de confirmer l'enseignement donné, sa surprise devient de l'indignation : « Mais, maman, quand je fais des péchés, c'est que je n'y pense pas; si j'y pensais, je n'en ferais jamais, tu sais bien. » Toute enfant, ses cheveux lui cachent les oreilles : « Tu as perdu tes oreilles, lui dit-on pour rire. — Non, réplique-t-elle, mais comme cela je n'entendrai pas dire des vilaines choses. »

Obligée de la laisser circuler plus ou moins seule, j'ai dû la mettre en garde contre les dangers qu'elle pourrait rencontrer; mes recommandations sont celles de toute mère prudente : Point de conversation avec des inconnus, de regards étourdis de tous côtés, de rires déplacés, de marche précipitée; mais une attitude calme, digne, réservée, les yeux plutôt baissés. Elle a compris. D'elle-même, elle me demande de prendre, pour aller au pensionnat, une rue moins encombrée d'écoliers. Pour la même raison, elle a le courage d'avancer l'heure de son lever afin d'assister à une messe plus matinale et ne pas se trouver dans la rue à l'heure de l'entrée de certaines écoles. Durant le trajet, elle sème des *Ave Maria* ou repasse ses leçons. Si je l'accompagne, c'est une joie pour elle, et sentant près d'elle un appui moral assuré, elle laisse s'épanouir sa gaîté habituelle en sautant gentiment tout en me donnant la main. Et si par hasard il lui arrive la moindre mésaventure, bien vite, elle me conte l'affaire.

Je l'ai en effet habituée à cette suprême sauvegarde de l'enfant : « Tout dire à sa maman, même les sottises, surtout les sottises, pour qu'elles puissent être réparées. » Il lui en coûte, mais elle sait qu'un aveu bien franc me désarme, et en pleurant quelquefois, elle s'oblige à cette franchise absolue. Un jour, en gardant son petit frère, elle a trop approché du feu une paire de bas qui sèche. Elle ne s'en aperçoit que quand un gros trou s'est déjà formé au contact de la plaque brûlante. C'est une paire de bas neufs; que va dire maman? Elle hésite; mais finalement, la conscience est plus forte. Elle vient m'embrasser et m'avoue la sottise. Bien entendu, je ne la gronde pas. L'effort lui a tant coûté! Bientôt elle n'a plus même cette hésitation et s'efforce de convaincre son petit frère, enclin, comme tous les enfants, à cacher maladresses et étourderies.

Cette confiance l'aidera à m'ouvrir les portes

soigneusement gardées de sa petite âme. J'ai peine à savoir d'elle, après beaucoup d'instances, ce qu'on fait dans sa classe, le travail indiqué, les leçons données, que sais-je? Et cependant, je suis une privilégiée de ses confidences. Jamais, même à cinq ans, elle n'éprouva le besoin de me parler de ses confessions. Je l'aide à faire son examen, à s'exciter à la contrition, à accomplir sa pénitence; c'est tout. Elle ne me dit rien de ce qui se passe entre Dieu et sa conscience et je respecte son silence.

Cette pudeur devient délicatesse dans les mille détails de sa vie. Un de ses oncles l'envoie acheter un journal : « Mais pourquoi, lui dit-il, me rends-tu les sous qui restent, puisque tu sais que je te les laisse toujours? — C'est que, Tonton, tant que tu ne me les as pas donnés, ces sous ne sont pas à moi! » Avec le même, elle passe quelquefois devant une église et simplement : « Entrons dire une prière au petit Jésus. » Et le tonton se laisse conduire par l'enfant... Touchante image de ce qu'elle accomplit au ciel. C'est pour ainsi dire par la main qu'elle vient chercher chacun de ceux qu'elle aima sur la terre, pour les conduire, comme alors, plus près du Tabernacle de Jésus.

Tout respire en elle douceur et simplicité; elle aime à rire, à jouer; est-elle à la campagne avec ses petits cousins ou cousines, ou chez des amis bienveillants, elle s'en donne à cœur joie, sans arrière pensée. Elle saute, elle court, elle gambade; elle se dispute même parfois dans son ardeur au jeu. Facilement, elle impose sa volonté... On sent que la nature n'est pas morte, tant s'en faut; sa vertu n'en est que plus admirable. Elle aime les friandises, les sucreries... Enfant, il lui paraît dur de partager... Mais voici que l'idée de sacrifice lui est donnée. Au moment de sa première communion, nous l'avons déjà vue se priver de dessert « pour faire un petit sacrifice... » On lui apprend à partager ce qu'elle a et à donner le meilleur. Les débuts sont difficiles, mais dans cette nature généreuse, les progrès sont rapides. Non seulement, elle partage, mais elle veut que le meilleur soit pour sa maman... Parfois, je refuse, et j'ai plaisir à voir la lutte entre la nature qui veut reprendre ses droits et la vertu qui insiste pour que j'accepte.

Elle n'a pas d'appétit aux repas... Mais elle accepte tout pour me faire plaisir... Pour exciter cet estomac rebelle, il aurait fallu le régime familial avec ses douceurs et ses accommodements. Pendant la guerre, elle devra se plier à un régime sain, abondant, normal, mais dépourvu des mille soins de la table de famille; pas de place ni aux caprices ni à la gourmandise... Et cela lui paraît dur. Parfois, aux jours de fête, je prépare un petit extra... Quelle joie! et comme on soupire après le retour de la bonne vie familiale!

L'hiver est rigoureux, la chambre froide; étant moi-même occupée tout le jour, le soir tombe sans qu'une flamme éclaire le foyer... Et le lever est matinal, pour aller à la messe; je fais bien une flambée, mais on grelotte tout de même, en sortant du lit bien chaud. Heureusement une personne charitable nous prêta un réchaud; ce fut moins dur... on pouvait au moins faire fondre la glace formée pendant la nuit.

Les engelures la font souffrir; elle se plaint doucement, elle boîte et pleure parfois... Moi, obligée d'être à tout, je secoue ce que j'appelle de la douilletterie : les engelures, ce n'est pas dangereux, il faut les supporter... Mais un jour, je me décide à regarder le bobo... Je suis à la fois stupéfaite et navrée. La chère petite n'est pas douillette, mais tout simplement héroïque. Les engelures sont à vif et son petit orteil tuméfié, n'a plus de forme; il faut des soins prolongés pour le guérir...

Pendant quelques jours, elle se plaint de maux d'intestins... C'est un peu de froid sans doute. Que faire? Je ne puis rester à la maison pour la soigner. Plutôt que de rester seule, elle préfère aller en classe... Je la couvre bien, je l'encourage et cela va mieux... Hélas! N'était-ce pas la première crise de la maladie qui l'emportera? Dieu seul le sait, comme aussi la somme d'héroïsme qui se cachait sous cette lenteur maladive.

Un souvenir encore : je lui donnais un peu de chocolat à son goûter... Un jour, je l'oublie et je lui en fais la remarque à son retour. Elle souriante : « Ça ne fait rien, va, maman. — Tu as donc mangé ton pain sec?... Oui, maman, mais ce n'est pas la première fois... — Comment cela, je te donne du chocolat tous les jours? » — Un peu gênée d'abord, puis confiante : « C'est que, maman, il y a une pauvre petite qui n'a jamais de chocolat et qui est bien gentille; alors, je lui donne le mien... — Et tu fais cela depuis longtemps? » ...Ce petit jeu durait depuis plusieurs jours.

Entrée dans la voie royale de la Croix, elle y marchera avec ce mystérieux sourire qui sans doute entrevoyait le ciel à travers la souffrance.

C'est sur ce chemin, que nous la suivrons désormais.

CHAPITRE X

Vers l'autel.

L'acheminement vers le Calvaire. — La rude montée : le cœur saigne. — L'âme a faim. — Premières gouttes de sang. — Vers les sommets. — Rayon de soleil. — Ascension rapide. — Le dépouillement. — Une accalmie. — « Veni, coronaberis... »

Notre-Seigneur disait à une de ses confidentes : « Il me faut tout le sang de ton âme ; je te demanderai ensuite tout le sang de ton corps. » A ses privilégiés, Il demande de participer à son propre sacrifice, sinon toujours jusqu'à l'effusion du sang, au moins jusqu'à la donation totale de soi-même. Notre chère petite Marie-Clotilde connut cette immolation. Sans doute le Divin Maître ne lui imposa pas brutalement sa volonté. Il ne la jeta pas sous la hache du bourreau ; cependant, cette enfant de neuf ans eut son martyre obscur. C'est par les souffrances physiques, qu'elle entra dans la Voie Royale. C'est par celles de l'esprit qu'elle y continuera sa course, et par les déchirements du cœur qu'elle en atteindra le sommet.

Sa santé n'eut jamais de sérieux accrocs avant 1917. C'était une enfant grande pour son âge, solidement charpentée, au teint mat, parfois d'une pâleur inquiétante. Elle n'avait d'appétit que par intermittences. Il lui aurait fallu le grand air, la campagne, la vie libre, peu de travail intellectuel : mais comment faire? Prise par mes occupations, je ne pouvais que rarement la faire sortir. Ne devait-elle pas aussi, comme toutes les enfants de son âge, poursuivre ses études?

Elle se plaignait parfois... Mais faut-il laisser les enfants s'écouter pour des bobos?... Cependant, une épidémie de rougeole sévit en juin 1917. A quelques symptômes bien connus, je comprends qu'elle et son frère vont payer leur tribut à la maladie; je supprime donc la classe, laissant le petit bonhomme aux soins affectueux de sa grande sœur. Tous deux se soigneront et se guériront ensemble. Pourtant la chère enfant devient fiévreuse; elle garde le lit et paraît accablée. J'appelle un médecin qui écarte l'idée de rougeole et opine pour une forte bronchite. La fièvre s'accentue, l'affaissement devient plus prononcé... Pas une plainte, mais les yeux restent souvent clos ou se lèvent sur moi avec une mélancolique douceur, et elle ne dit pas un mot. Que se passe-t-il, dans ce mystérieux silence? Je veux paraître souriante, mais l'inquiétude me ronge. C'est la veille de la fête du Sacré Cœur; partout on a préparé une journée bien fervente pour obtenir la fin de la guerre; ce vendredi, 5 juin, sera magnifiquement célébré.

Mais voici que la fièvre monte à 40°. Au rez-de-chaussée, je sais réunis les bons amis qui m'ont donné asile; je descends, l'âme angoissée, les yeux pleins de larmes... Impossible de laisser cette enfant sans soins immédiats. Demain, c'est fête; ma présence ne sera pas nécessaire au collège; je passerai ma journée auprès de la chère petite malade; ce sera ma manière de fêter le Sacré-Cœur. Au réveil, la fièvre est un peu tombée, mais le visage devient méconnaissable. Un prêtre, ami de la famille, partant en voyage, m'avouera plus tard qu'après l'avoir vue ainsi, il s'attendait à recevoir une nouvelle fatale. Enfin, dans la soirée, le mal se déclare : c'est bien la rougeole; tout est sauvé; la température diminue et je pousse un soupir de soulagement : « Enfin, tu es un peu plus sage, aujourd'hui. » Alors avec un sourire ravissant et la joie dans le regard : « C'est que j'ai pris le bon remède, Maman, j'ai dit mon Rosaire tout le temps pour que je ne sois plus malade et que tu n'aies plus de chagrin. » Telle était l'abnégation de cette petite âme... Guérir, non pour ne plus souffrir, mais pour que maman n'ait plus de peine... Et comment cela? En priant, en disant son Rosaire dans ce silence impressionnant qui m'avait tant chagrinée... Comment dire mon émotion en présence de tant de piété et d'abnégation?

Il lui était resté un léger point faible au poumon droit. Beaucoup de soins, aucune fatigue, aucun travail, de l'air, de l'espace, une nourriture saine et fortifiante, tel était le régime imposé.

Pour tout cela, une décision s'imposait. Juin s'achève avec les derniers vestiges de la rougeole; il est entendu que ma sœur, installée à la campagne recevra l'enfant; l'air pur des montagnes et les soins éclairés dont elle profitera rétabliront complètement la petite convalescente.

Mais la séparation entrevue est douloureuse :
« Avec toi, maman », murmure-t-elle. Mon devoir
me retient. Pendant les vacances, j'entrevois quelques leçons particulières; je ne puis les négliger,
c'est pour mes enfants eux-mêmes... La pauvre
petite se rend à mes raisons, mais elle souffre et
je lis sa peine dans son regard. Se séparer de sa
maman semble dur à ce cœur si sensible. Un autre sacrifice lui est demandé auparavant. Remarquablement douée, elle se passionne pour le travail; ses succès sont assurés. Mais la maladie
est venue; les dernières compositions qui décident
des prix se sont faites sans elle; les huit derniers
jours, pour la distraire, je l'ai autorisée à retourner en classe, mais sans travailler. Vient la proclamation des prix; malgré sa longue absence, et
les compositions manquées, elle remporte quelques succès; mais ce n'est pas ce qu'elle pouvait
légitimement espérer. Toute une année de travail vient échouer au port. Elle essaye de paraître brave et de sourire quand même, mais l'effort est trop grand et à peine rentrée à la maison,
elle éclate en sanglots. Ceux qui ont connu cette
joie d'un succès à une distribution de prix, excuseront cette faiblesse de courte durée dans une
enfant de neuf ans, faiblesse qui finit dans un
sourire résigné, puisque ni le Bon Dieu ni sa maman ne lui ont fait de reproches.

L'heure du départ sonne; elle sait que dans
quelques semaines, j'irai la rejoindre avec le petit
frère et que le cher papa viendra aussi en permission, elle reprend courage. Elle s'arrête huit jours
chez un oncle et une tante qui me disent leur admiration pour une vertu déjà si grande. Elle sait
si bien se faire aimer : « Si tu voulais me garder

arènes de cirques, brise sa chaîne, pénètre dans le jardin et s'élance sur notre pauvre petite. La jambe est blessée profondément par deux morsures et les griffes ont transpercé les chairs...

Des soins immédiats et intelligents sont donnés ; aucun danger n'est à craindre et l'affreuse guenon paye de la vie son dernier forfait. Mais l'enfant en a pour de longs jours à garder la jambe étendue. Triste fin de vacances. Elle en est désolée la première et son petit amour-propre en souffre même car, après coup, cette aventure apparaît presque risible par son étrangeté même. Etre mordue par une guenon en plein cœur de la France : quelle anomalie ! « Tu écriras cela dans tes mémoires ! » lui dit-on. Et ces petites railleries l'agacent.

Je dois reprendre mon poste en octobre. Quelle décision prendre à son sujet. Un prolongement de repos serait profitable. Mais elle insiste, elle supplie ; c'est son âme qui m'implore et je ne puis résister : « Maman, avec toi ! » Le papa lui-même incline pour le retour. Une fois encore, nous repartons donc ensemble tandis que le petit frère va porter à un autre foyer familial le charme de ses six ans pleins de rires et de chansons.

Il était temps de revenir. Depuis deux mois, mon état de santé était inquiétant ; je voulais tenir bon ; mais la Providence avait d'autres desseins et malgré mes efforts, le 2 novembre, je dus cesser mon travail et me coucher pour de longues semaines. Avec quel dévouement la chère enfant fit la garde-malade, je l'ai déjà dit. C'était un essai de l'abnégation de la future petite sœur de l'Assomption. Quand son frère revint, ce fut une joie pour elle, et de suite, faisant la maman, elle l'attire près d'elle. Elle se doute qu'il n'a pas pu communier souvent et elle l'interroge. Alors gentiment, sur les genoux de sa grande sœur, il lui fait ses confidences : « Mon petit cœur avait faim », lui confie-t-il. Aussi, dès les jours suivants, elle reprend son rôle, le conduit avec elle chercher le divin Ami chaque fois qu'il en exprime le désir.

Deux fois par semaine, c'est fête aussi dans notre modeste nid : Jésus vient me visiter, et comme c'est de très bonne heure, les petits dorment encore; alors, à tour de rôle, chacun revendique la joie d'être dans le lit de maman quand le petit Jésus viendra.

La veille, c'est avec un respect mêlé de tendresse que la table est préparée; on s'ingénie à l'orner et l'un ou l'autre alla jusqu'à déboucher un flacon d'odeur pour embaumer la chambre où Jésus devait entrer.

Cependant l'heure de l'épreuve sonne : maman va partir pour se faire opérer dans une localité plus paisible. Car ici, les avions ennemis excursionnent parfois, laissant de tristes vestiges de leur passage.

Bien des portes s'ouvrent pour recevoir mes chers enfants, mais une pensée angoissante m'étreint : peut-on jamais savoir l'issue d'un intervention chirurgicale; Si pourtant le suprême sacrifice m'était demandé, devrais-je mourir seule, loin de tous les miens. Je consulte ma petite Marie-Clotilde et la laisse libre de choisir. Sans hésiter, elle préfère rester quelques semaines pensionnaire dans la pieuse Institution où elle suit ses classes et ne pas s'éloigner. Le petit frère restera confié aux soins dévoués de nos bons amis de

Boulogne, à quelques pas du pensionnat de sa sœur. Les deux enfants se verront souvent et s'ennuieront moins. Ainsi tout est prévu, et vers la fin de novembre, le cœur aussi broyé que le corps, je dis adieu à mes enfants bien-aimés, les confiant à la Vierge Mère, dont le dôme protecteur s'élève tout auprès. Reine des Mers, n'est-elle pas aussi Reine des Airs? Sa puissance arrêtera la malice des tempêtes humaines, comme elle sait mettre un frein aux flots de l'Océan.

Dès la veille de mon départ, la nouvelle petite pensionnaire va coucher parmi ses compagnes et revient le lendemain juste à temps pour m'embrasser avant le départ. Elle arrive souriante et semble-t-il toute à la joie de la nouveauté : est-ce insouciance ou vertu? A qui la connaît, il est bien permis de croire qu'un motif élevé lui faisait cacher sa propre peine pour ne pas augmenter celle des autres. Le petit frère, lui, éclata en sanglots, tandis que je me sauvais pour retenir les miens, le laissant dans les bras affectueux de sa sœur.

Un long mois se passe... régulièrement je reçois de bonnes lettres de Marie-Clotilde, toutes pleines d'affection.

Puis le jour de l'an arrive... J'ai été opérée peu de jours auparavant et par une heureuse coïncidence, c'est l'époque d'une permission du papa. Lui-même va chercher les deux enfants et en dépit des circonstances, on commence avec espoir cette année 1918.

Hélas, cinq mois seront à peine écoulés et la chère petite sera déjà dans son éternité. Plus que jamais, auprès de son père et de son frère, elle cherche à me suppléer. A Boulogne, elle a rangé elle-même mille petites choses apportées par son papa; ici elle s'occupe de son frère. A « L'Etoile de la Mer », on se souvient encore de ce matin du premier vendredi du mois où, éveillée pour aller à la messe, elle procéda toute seule à sa toilette et à celle du petit, dans la demi-obscurité de ce froid matin de janvier, si bien que tout était au point, les effets de nuit pliés, les affaires de toilette bien rangées, quand on vint les chercher.

Un autre jour, il fut convenu qu'ils viendraient seuls jusqu'à la clinique en suivant la plage et que le papa irait à leur rencontre. Bien emmitouflés, ils partent tous deux; lui, plein de confiance en elle; elle, pleine de confiance en Dieu et en Marie, la Mère et la protectrice des petits enfants. Je ne sus que bien plus tard les détails touchants de cette promenade. La plage était déserte en raison de l'heure et de la saison. Tous deux marchaient paisiblement, cherchant du regard leur papa qui devait les rejoindre. Cependant, un doute traverse l'esprit de Marie-Clotilde : l'eau monte peut-être?... Il ne faudrait pas se laisser surprendre par la marée; a-t-elle lu des récits qui lui reviennent en mémoire? Près de là, deux pêcheurs amarrent leur barque : sans crainte et sans honte, car elle est gardienne de son frère, elle s'approche et les questionne. A les voir ainsi, seuls, dans l'immensité du sable d'un côté, de la mer de l'autre, les rudes mains quittent les câbles et caressent les joues glacées par la bise de mer : « Où allez-vous, ainsi? — Voir maman qui est malade. » Et le cœur tendre de ces marins est pris d'une pitié plus grande : « Oui, la mer monte, petits! » Aussitôt, comme pressentant un danger : « Vite, courons, Jojo! » Et elle l'entraîne. Heureusement une silhouette se dessine au loin. Papa les attend et de sa canne trace sur le sable d'amusantes figurines : tout est sauvé. On ne pense plus à l'eau qui monte, on joue, on rit, on court. Et le père ne put soupçonner l'inquiétude qui avait pesé tout à l'heure sur l'âme de cette enfant. Etrange contraste : allégée de la responsabilité assumée tout à l'heure par la garde de son frère, elle ne pense plus qu'aux jeux de son âge. Elle est si heureuse, de ces quelques jours passés auprès de son cher papa.

Mais cette joie touche à son terme. De nouveau il faut repartir... Et son petit cœur est déchiré par la séparation. La veille, le docteur prolonge un peu sa visite auprès de moi. Elle s'impatiente : « Il ne sait donc pas que c'est mon dernier jour avec papa et maman. » Je l'attire vers moi : « Si tu es bien sage, je reviendrai bientôt, dans trois ou quatre semaines ».

Le papa, tout impressionné lui-même, les accompagne jusqu'au train... Comme si un pressentiment l'étreignait, la pauvre enfant ne pouvait se résoudre à le quitter et s'accrochait désespérément à lui... Quelle émotion pour tous deux ! Quel souvenir poignant hélas ! puisque c'est là qu'ils se voyaient pour la dernière fois... avant le grand revoir du ciel...

Depuis cette époque, un changement sensible se produit dans Marie-Clotilde... Ses notes de conduite et de travail sont parfaites; ses lettres m'arrivent, pleines de détails charmants. A peine quelques fautes d'orthographe. Et quelle délicatesse, quelle tendresse, quelle élévation de pensées et de sentiments ! Elle me parle de son travail, de ses compositions et termine : « Tu vois que je n'ai pas de peine à remplir toute ma feuille et j'aurais encore bien des choses à te dire. » Pour me faire plaisir, elle signe toujours :.« Ta petite Marie. » Elle multiplie les termes affectueux : « A ma maman chérie de la part de sa petite Marie qui l'aime beaucoup », et encore : « Je t'embrasse comme une petite fille qui aime bien sa maman. » De ci, de là, la note pieuse vient tout naturellement révéler son âme.

Le Carême est commencé, maman n'est pas revenue. Le sacrifice est dur; elle le fait généreusement : « Pendant le Carême, j'offre tous mes sacrifices pour que la France se convertisse et que l'on mette le Sacré-Cœur sur le beau drapeau français. »

Elle comprend l'efficacité de la pénitence pour convertir les âmes et sauver le pays.

Nous voici en mars 1918... Heure angoissante! La France est en danger... Les bombardements se succèdent; maintenant, je suis rétablie; j'ai trouvé gîte et travail; il est temps d'aller soustraire mes chers petits aux dangers de la guerre aérienne.

Je ne sais quelle force me pousse; c'est le vendredi 22 mars. Je pars pour Boulogne sans avertir personne de mon arrivée, ce sera une surprise pour tous, et d'avance j'en savoure la joie. J'arrive au pensionnat dans l'après-midi. Je demande Marie-Clotilde. Légère attente au parloir, puis elle arrive souriante, mais calme. Je l'interroge : « Tu n'es pas contente de me voir? — Oh! si maman... » et sur mes genoux elle s'assied câline.., « Cependant, tu ne sembles pas surprise? — Non, je t'attendais... » Etonnée : « Pourtant, je ne t'ai pas écrit que j'allais venir. Et toi, m'as-tu écrit hier? C'est ton jour, le jeudi? » Toujours souriante, mais semblant un peu gênée : « Non, maman, je ne t'ai pas écrit hier! — Qu'est-ce donc que ce mystère? » Elle ne se défend plus et simplement : « C'est que le petit Jésus dans ma communion m'a fait comprendre que tu ne tarderais plus à venir... »

Comment exprimer l'émotion qui remplissait mon âme. Je ne voulais rien laisser voir de ce qui se passait en moi et de l'admiration respectueuse que j'éprouvais pour cette enfant de dix ans, entrée à ce point dans l'intimité divine.

Un autre jour, elle me dit : « J'ai demandé au petit Jésus de rester toujours petite dans mon cœur... » Jésus l'exauça. Elle garda jusqu'au dernier jour cette simplicité enfantine dans la piété...

N'est-ce pas aux petits et aux humbles qu'Il révèle ses secrets et qu'il promet le Royaume des Cieux?

Ce fut une grande joie pour Marie-Clotilde de revenir auprès de moi. Je lui dit mes projets. Nous louerions un petit châlet à Berck; Jojo suivrait une petite classe, mais elle, je la garderais pour m'aider un peu et je la ferais travailler avec une gentille élève prenant des leçons avec moi.

Nous nous réjouissions, toutes deux, à la pensée de vivre plus près l'une de l'autre : sa piété me faisait du bien. Un terrible bombardement nocturne vint hâter nos projets de départ. En hâte, je pris l'essentiel, espérant revenir plus tard compléter le bagage trop sommaire. Mais à Berck, nouvelles alarmes : la ville surabonde de réfugiés. On ne trouve plus à se ravitailler. Pendant trois jours, il fallut vivre sans pain, sans lait. C'est vraiment la semaine sainte pour tous.

L'Eglise revêt des habits de deuil, gémit dans ses lamentations, et la France agonise. L'invasion est aux portes; des bruits sinistres courent... Les mobilisables évacuent la ville; le danger est imminent. Une seule route reste libre; si elle est coupée, c'est la fuite éperdue, à pied, sans bagages, dans la nuit froide, avec deux enfants; et je puis à peine me traîner... Mon parti est pris... Loin du front, ma belle-sœur inquiète de tant de dangers nous réclame auprès d'elle; un conseil éclairé me dit : « Partez! » Tandis que les enfants dorment, heureux d'avoir retrouvé un foyer, je refais malles et paquets et dès le réveil, je leur annonce le nouveau départ. Quelle déception... La chère petite avait passé ces deux journées dans un bonheur inexprimable... Enfin on avait un chez nous!... » Malgré la rusticité de la maison, tout lui paraissait beau et, montant et descendant à plaisir l'escalier, elle ne cessait de me répéter : « Oh! maman, que je suis heureuse! Que c'est bon d'être chez nous! » Le menu était des plus simples; mais elle y faisait honneur, même quand c'était la soupe qu'elle n'aimait guère, en disant : « Oh! qu'elle est bonne, la cuisine de maman! » Et son bonheur me remplissait de joie. Elle avait tant souffert sous ce rapport depuis quatre années, la chère petite! Allais-je enfin la voir heureuse?... Hélas! à peine a-t-elle eu le temps d'entrevoir cette nouvelle vie de famille, qu'il faut repartir. C'est le Vendredi Saint...

Le voyage est long et pénible... Nous n'arriverons au but que le lundi de Pâques, après trois jours et trois nuits de voyage, d'arrêts interminables, douze changements de trains... Heureusement, nous trouvons d'aimables compagnes de route. On s'entr'aide, on se soutient, on se console mutuellement, car il y a des moments affreusement tristes.

Ici ce sont de longues heures d'attente sous une pluie battante, dans une gare pleine de réfugiés. Les employés ne savent où donner de la tête; les avis se croisent et s'entrecroisent, souvent contradictoires. On fait les rencontres les plus inattendues... Et voici que la chère petite aperçoit un beau poupon dans les bras d'une jeune mère. Celle-ci a des bagages à faire enregistrer, et Marie-Clotilde se charge avec joie de surveiller et d'amuser le bébé.

Le dimanche de Pâques se lève dans un froid glacial. Un chef de gare bienveillant nous a permis de dormir dans un wagon stationnant sur la voie; avec de bonnes couvertures, on a trouvé cela bien reposant. Maintenant, après avoir bu une tasse de bouillon dans une écuelle de cantine, on est en quête d'un gîte pour se débarbouiller un peu et aller à la messe... Mais toutes les portes se ferment. Plus de place nulle part. A peine trouve-t-on asile dans je ne sais quel local misérable où du moins on a un peu d'eau pour se laver et une tasse de café pour se réchauffer.

Quel triste jour de Pâques! je ne puis retenir mes larmes et la chère enfant, dont les joues se creusent de fatigue, demande inquiète : « Pourquoi pleures-tu, maman? » Comment lui expliquer la tristesse de la situation! Je lui ai confié un paquet et le soin du petit frère... Je porte le reste des bagages; mais les forces me trahissent et les siennes vont l'abandonner aussi. Sous une brusquerie inconsciente, je veux cacher mon angoisse et lui retire son fardeau. Ses yeux sont cerchez toi, tante, je serais bien sage, je ne te dérangerais pas, je jouerais tout doucement. »

Puis c'est l'arrivée joyeuse parmi les cousins et cousines avec la bonne et dévouée grand-mère qui l'accompagne. Là, elle a vite fait de reprendre des couleurs; pas question de travail; mais que de joyeuses parties ensemble! On se dispute parfois, puis on se raccommode. Et toutes ses préférences vont comme toujours vers le mignon petit cousin de trois ans qui fait ses délices.

Qui eût dit, à travers ces rires et ces jeux, qu'un martyre secret déchirait son âme?... A tous, elle le cache; mais quand deux mois après, j'arrive enfin compléter la réunion de famille, j'ai vite deviné dans son regard une nuance de tristesse... Le corps est vigoureux, la santé s'est refaite, les joues se remplissent et se colorent, mais l'âme à faim... faim de Jésus... Pour soigner le corps, il a fallu sevrer l'âme du pain eucharistique, et la chère petite n'en peut plus. « O maman, bien souvent j'ai pleuré dans mon lit, sans que personne ne le voie... » Elle n'a rien dit par délicatesse, mais elle a souffert et elle espère bien que sa maman saura trouver le moyen de concilier les soins nécessaires au corps avec les besoins de l'âme.

Depuis mon arrivée, il y a en elle plus de dilatation, plus d'exhubérance; le cher papa arrive aussi; c'est une fête complète. Nous ne sommes pas chez nous, sans doute; mais nous voici tous ensemble quand même, à un foyer familial et sympathique, plein de vie, de soleil et de jeux d'enfants...

Soudain, parmi les joyeux cris, s'élève un hurlement de douleur et d'effroi... Une vilaine bête dont la place est aux forêts d'Amérique ou aux nés; évidemment, c'est trop d'émotions à la fois. Enfin nous voici presque au terme. Il est minuit; le prochain train sera à cinq heures. Sur le quai de la gare, je les assieds tous deux sur nos paquets, enveloppés de chaudes couvertures... et vraiment, ils font pitié, ces pauvres petits, dont la tête retombe appesantie de sommeil, dans cette nuit et ce froid. Heureusement, vers une heure et demie, le buffet s'ouvre; on va se réchauffer, se mettre à l'abri. Le petit frère plus robuste se remet vite à rire et à jouer. Mais la chère mignonne se plaint doucement... et se repose dans mes bras. Je ne sais quelle angoisse m'étreint. Il y a tant de patience résignée dans cette enfant! On dirait que la souffrance ne l'étonne plus, qu'elle finit pas lui sourire comme à une amie déjà ancienne.

Enfin nous voici arrivés au port. Un cœur fraternel nous attend avec toutes les délicatesses et toutes les générosités. Finis les voyages fatigants, les fuites au long des routes; finis, le bruit du canon, le sifflement des sirènes, les lueurs blafardes des projecteurs, le ronflement des avions, le crépitement des mitrailleuses; finis les réveils affolés, les descentes à la cave, les terreurs des vitres cassées, des murs éboulés, des maisons ébranlées... Ici, on est loin de la guerre. Et dans un sommeil profond, toutes les visions disparaissent à la fois.

Nous commençons enfin une vie normale, régulière, familiale... Vite, Marie-Clotilde se fait aimer de tous et de toutes. Elle a ses petits défauts, ses moments d'humeur; mais c'est si court... Et elle sait si bien racheter ces légères fautes par des caresses que sa nature affectueuse voudrait prodiguer à tous ceux qui lui font du bien. Pas d'arrière-pensée... tout est spontané en elle... Elle a de petites attentions touchantes pour faire une surprise au grand « Tonton »; on la voit travailler d'une aiguille agile afin d'achever en temps voulu un ouvrage commencé pour sa fête. Elle cherche à rendre service au magasin, s'essaye à servir le client, à envelopper les marchandises. Puis il faut penser à retourner en classe. Une petite école libre est située tout près de là, sous le vocable de Notre-Dame du Bon Conseil. Ce n'est plus le pensionnat des Ursulines et mon amour-propre maternel en souffre, le premier jour. de l'y conduire. Mais tout de suite elle me rassure : « Je t'assure, maman, que les petites filles sont très gentilles pour moi et j'aime beaucoup Mademoiselle. » Je lui ai dit aussi que c'était un trait de ressemblance avec Jésus et Marie et elle en est toute heureuse. Bien vite, elle prend la tête de la classe et rapporte souvent la Croix d'honneur .Elle s'est choisie une petite amie et me demande de partir quelques instants avant l'heure, pour jouer avec elle. « C'est une des plus sages, m'explique-t-elle. »

Cependant un gros sacrifice lui est imposé : l'ouverture matinale de la classe empêche sa chère communion quotidienne; aussi avec quelle joie profitera-t-elle des jeudis, des dimanches et de toutes les fêtes pour aller chercher le petit Jésus!

Arrive la retraite de communion solennelle de ses compagnes : elle est seule à ne pas y prendre part, étant trop jeune; elle ira passer ces huit jours chez d'excellents amis qui se promettent de lui donner un vrai régal d'air et d'espace à la campagne. Ils doivent venir la chercher dans l'après-midi : « Tu peux rester au lit, si tu veux ,lui dis-

je, puisque tu ne vas pas en classe; repose-toi... »
Mais elle s'habille bien vite : « Oh! non, je vais
avec toi à la messe. C'est bien assez de ne pas
communier les autres jours. Je veux en profiter
aujourd'hui. » Et elle vient avec moi. Cette communion fut la dernière que je fis auprès d'elle;
communion due à sa générosité, que fut-elle pour
elle et pour moi? Je ne sais... Mais je la revois
avec émotion, hâtant sa toilette pour aller à ce
dernier banquet eucharistique avec sa maman.

Cette semaine était celle qui précède la Pentecôte. Malgré notre désir de célébrer ensemble
cette fête qui nous était si chère, l'invitation faite
à Marie-Clotilde par ses amis nous obligea à en
faire le sacrifice. « En tout cas, lui avais-je dit,
tu pourras demander bien simplement à ces da-
mes de communier dimanche. »

Pendant son absence, elle envoya des cartes
postales à toutes les personnes qu'elle connais-
sait. A moi-même elle me disait : « Je ne t'écris
pas une longue lettre, mais je suis sûre que tu ai-
mes bien mieux que je mette des roses rouges sur
mes joues. » Puis elle me contait la joie de ses
journées pleines de liberté à la campagne. Je devais aller la chercher le lundi de la Pentecôte, mais
réflexion faite, je demandai à ma belle-sœur de
profiter de la circonstance pour se donner une
journée de repos et y aller à ma place. Marie-Clotilde est déçue; elle espérait me voir arriver et
obtenir une prolongation de vacances que sa
bonne tante n'ose pas lui accorder sans mon avis.
Aussi, elle pleure pour revenir et le petit frère la
console gentiment : « Ne pleure pas, ma Lolotte. »
Depuis, j'ai remercié la Providence d'avoir permis
cette circonstance qui ramenait la chère enfant

auprès de moi, deux jours avant la crise fatale qui devait l'emporter. Du reste, elle se consola vite. Je lui promis de lui donner plus de temps pour étudier son piano : « C'est ce que j'aime le mieux de tout », me dit-elle. Et toute fière de ses petit progrès, elle étudie un morceau pour le jouer à son papa quand il viendra en permission, car on l'attend tous les jours.

Mais dans les profondeurs du ciel, les Anges entonnent une autre mélodie... Jésus se lève... Marie souriante s'incline vers la terre... Je vois des guirlandes de roses monter jusqu'à son cœur et se tresser en couronnes autour d'un trône qui se prépare... Tous les petits enfants du ciel processionnent autour de leur Reine et Mère et le frémissement de leurs ailes fait tressaillir les Bienheureux...

Elle s'est levée, la génération des purs, ceux qui accompagnent l'Agneau partout où il va. Ils chantent : « Quelle est celle-ci qui s'avance comme l'aurore à son lever? » Et les Anges de la terre de répondre : « C'est celle qui est venue de la grande tribulation... Elle a lavé sa robe dans le sang de l'Agneau !... Voici que l'hiver a passé, la pluie a cessé... Les fleurs ont paru sur notre terre; levez-vous, ma Bien-Aimée toute belle, et venez... venez, vous que j'ai choisie : *Veni de Libano... Veni coronaberis...* »

CHAPITRE XI

Hostia pro Hostia!

Sur la Croix. — Vision du Calvaire. — Le dernier jour. — La petite Fiancée du Christ. — Le sacrifice annoncé. — Nuit d'Agonie. — « Fiat Voluntas tua ».

> « Mon Dieu, je veux tout ce que
> « vous voulez... »
>
> (Paroles de Marie-Clotilde,
> avant son opération).

C'est le mercredi 22 mai... Avant la classe de l'après-midi, je lui ai expliqué deux problèmes et elle m'a étonnée par sa facilité à comprendre à demi mot les explications données.

Au retour de l'école, elle va vite prendre sa chère étude de piano qu'elle prolonge plus que de coutume. Je vais l'y rejoindre : « Que fais-tu donc, si longtemps, ma chérie? Il y a plus d'une heure que tu étudies? — Vraiment! répond-elle, je ne m'en apercevais pas... » Je lui essaye un chapeau de toile que je viens d'acheter pour elle. Il lui plaît beaucoup et elle m'en témoigne sa joie. Jojo aura le pareil et ils seront encore plus gentils quand ils s'en iront la main dans la main à l'école.

J'allais la quitter; elle se retourne soudain : « Maman, j'ai mal au ventre. » Je ne m'en inquiète pas outre mesure, et comme l'orage menace, je la laisse à la maison pour faire une dernière course. Pendant ma courte absence, elle est prise de vomissements et je la retrouve le visage décomposé. Attribuant ce malaise au temps lourd et orageux, je la fais mettre au lit. Mais la nuit, les vomissements continuent et je ne puis m'empêcher d'admirer l'abnégation avec laquelle elle cherche alors à ne pas m'éveiller. A plusieurs reprises, une plainte lui échappe : « Oh! maman, que j'ai mal au ventre... » Cette douleur persistante m'inquiète... bientôt elle se localise et je constate un léger mouvement de fièvre.

Le lendemain, l'état semble s'améliorer, la douleur s'apaise, l'enfant ne demande qu'à se lever et à manger. Mais la fièvre ne tombe pas. La nuit passe : pas de changement. La crise d'appendicite s'accuse très nettement. J'entrevois alors l'opération nécessaire, mais j'espère qu'elle n'aura lieu que plus tard.

Pourtant la température s'élève. Peut-être faudra-t-il intervenir de suite; les avis sont différents.

Finalement, une consultation est fixée au mercredi 29 mai. Pendant les jours passés, la chère enfant a été ravissante de patience, de douceur, de résignation, de gaîté même. Je passe la plus grande partie de mes journées auprès d'elle et j'en profite pour mettre à jour certains travaux en retard : « Quel dommage, dit-elle, maman est toujours occupée, elle n'a pas le temps de jouer avec moi! » Cette plainte dissimulée me va au cœur. C'est jour de repassage : « Pendant que mes fers chauffent, je viendrai faire quelques parties de dominos avec toi! » Quel bonheur, pour elle, que ces petits moments de répit!...

On lui a prêté des livres, des jeux... Gentiment elle se distrait toute seule, enfile des perles ou fait des fleurs en papier. Et souvent, sa jolie petite voix m'appelle : « Maman, maman. » Cent fois ce nom retentit à mon oreille durant cette dernière journée; il me semble l'entendre encore. Toujours souriante, elle accueille avec bonheur ceux qui viennent la voir... Jamais un moment d'humeur; parfois seulement, elle trouve le temps long et commence à avoir faim. Les applications de glace lui sont pénibles. Je lui suggère de demander au Bon Dieu la conversion d'un soldat à chaque fois; elle y consent, mais l'inflammation doit être grande car la glace fond vite; on lit sa souffrance sur ses traits amaigris : « Souviens-toi, ma mignonne, c'est pour l'âme d'un soldat. — Oui, maman ! » Et elle accepte sans le moindre murmure, tandis que son pauvre petit corps se crispe. De temps en temps je lui parle de Dieu : « Penses-tu à offrir tes souffrances au Bon Dieu? — Oh! oui, bien souvent... — Et pourquoi, ma chérie? — Pour que papa revienne de la guerre. » C'est vers lui que va sa pensée, car là-bas, l'heure est grave; les permissions sont suspendues.

Heureusement voici que va s'ouvrir le mois du Sacré-Cœur. C'est le salut de la France. Mais les victoires s'achètent par le sang des soldats au champ d'honneur, par les souffrances des enfants et les larmes des mères, à l'arrière.

Là aussi, il y a un champ d'honneur ! Et j'essaye d'élever jusque-là sa pensée : « Papa reviendra si la guerre finit; et pour que la guerre finisse, il faut que les pécheurs se convertissent... Il faut que le Sacré Cœur règne... » Elle comprend et accepte; elle prie aussi. « Je ne dis pas mon rosaire tous les jours, m'avoue-t-elle, mais au moins deux chapelets et souvent davantage. » Puis elle me demande de lui apprendre les fruits de chaque mystère; je lui explique le premier et le deuxième; elle a compris, et continue seule la méditation des autres.

Avant de partir pour la messe, je viens l'embrasser, son visage s'attriste : « C'est qu'il y a bien longtemps que je n'ai reçu le petit Jésus... » Il y a exactement dix jours. Je lui promets de faire mon possible pour lui faire apporter la sainte communion. Trop nouvelle dans le pays et ne connaissant pas les usages, une certaine réserve me retient : « Quand tu étais malade, maman, on t'apportait le petit Jésus deux fois par semaine... » Elle insiste, elle a vraiment faim de Dieu et j'en suis toute émue. Bien vite, je reviens après la messe et penchée vers elle, je presse sa tête contre ma poitrine, tandis qu'elle parle à Jésus dans mon cœur.

Mardi, 28 mai... C'est l'anniversaire de ma première communion; elle sourit à la pensée de maman toute petite allant recevoir Jésus pour la première fois. Elle comprend mon désir d'aller faire une visite au Saint-Sacrement dans la soirée; ce jour-là, il y a salut solennel à la paroisse; je cherche la solitude et je la trouve dans la chapelle de la Sainte Vierge. Je m'approche tout près de l'autel, et là, seule à seule avec Jésus et Marie, j'égrène mon Rosaire en pensant au passé, à ma première communion, et, plus près de moi, à ma chère petite malade. Mais soudain, tout semble disparaître... Mes yeux fixés sur la statue de la Sainte Vierge, je sens comme un colloque qui s'engage... j'allais dire une lutte. Une idée atroce, un pressentiment cruel m'a traversé l'esprit et le cœur... « Ma petite! Non, ce n'est pas possible! Cette enfant qui veut se donner à Jésus, dont les fleurs déjà si belles promettent des fruits plus merveilleux encore; cette enfant, vous me la prendriez, ô Marie? Non, souvenez-vous de votre Fils...» Et la vision se fait plus précise... La Croix se dresse sur un Calvaire qui maintenant me paraît tout proche... Je vois un lit de douleur... des yeux éteints... une bouche close, qui ne dira plus : « Maman! »... Et puis cette horrible chose, ce cercueil étroit pour abriter le grand sommeil sous la froide terre du champ des morts...

Devant ce tableau, tout mon être frissonne, cependant que la voix maternelle de Marie reste ferme dans sa suavité. « Si, pourtant, c'était la volonté de Dieu... la gloire de Jésus... » Et là, brisée, au pied de cet autel tout fleuri des dernières roses du mois de mai, sous les yeux de la blanche Vierge, dont le regard semblait attendre en me montrant Jésus... ce Jésus de ma première communion, oui, là, vaincue, ô Mère, vous le savez, j'ai dit mon « Fiat! Si vous voulez mon enfant, ma petite, prenez-la, je vous la donne... »

Personne ne doit se douter du drame affreux qui vient de passer dans mon âme... Pour la petite malade, pour tous ceux qui m'entourent, il me faut rester souriante. Mais quand on est saisi par une pensée, on y revient.

Dans la soirée, tout en causant, je suis amenée à raconter l'accident fatal qui nous ravit jadis notre gentille Marie-Christine. Ce récit impressionne le petit Joseph qui se met à pleurer. De son lit, la grande sœur aussitôt intervient : n'a-t-elle pas le secret de sécher les larmes de son Jojo?...

Et j'entends encore sa voix chantante murmurer doucement : « Mais, Jojo, il ne faut pas pleurer Zinou (nom familier de la petite). Elle est au Ciel... Elle est heureuse, elle est avec le petit Jésus... » Frappée à mon tour de ces paroles, je m'approche d'elle et l'embrassant avec une indicible angoisse : « Alors, toi aussi, tu voudrais aller avec le petit Jésus? »... Elle me regarde d'abord, comme surprise, puis, reprenant son calme : « Maman aurait trop de chagrin. Qu'est-ce qu'elle ferait sans sa fifille... » Sa sollicitude va d'abord vers moi. D'elle, pas un mot... Que se passe-t-il dans son âme? Tout doucement, sans doute, Jésus l'attire à Lui, comme le soleil fait monter lentement la goutte d'eau qu'il veut absorber.

Mercredi, 29 mai! La consultation a été fixée pour aujourd'hui. Malgré tout, j'attends, confiante. J'ai même voulu secouer mon angoisse et descendre un peu au magasin. Une amie monte voir l'enfant, mais revient presqu'aussitôt : « Montez près de la petite, me dit-elle, je vais rester ici... Elle en serait si heureuse. » Je résiste un peu, puis me laisse convaincre.

Je trouve la chère enfant calme, souriante... mais les yeux me semblent plus brillants, les joues enfiévrées. Elle n'a rien pris depuis midi et ne désire rien. Sa tante, toujours délicate, lui a apporté un métier à perles; elle en est ravie. Les amies chez qui elle a passé sa dernière semaine viennent l'embrasser. Elle leur montre son nouveau jouet et leur confie : « Dans mon lit, je n'y vois pas assez, mais dès que je pourrai me lever et m'approcher de la fenêtre, j'y travaillerai. »

En attendant, elle s'amuse à faire une rose en papier, très bien réussie vraiment.

Je profite de leur présence pour aller voir une religieuse qui m'a fait une offre de situation ; je lui confie mes inquiétudes au sujet de la chère mignonne. Et simplement, comme mue par une inspiration subite : « Je ne veux pas mettre les choses au pire, me dit cette bonne mère, mais enfin, si par hasard il y avait abcès et que les choses vinssent à s'aggraver, pensez aux derniers Sacrements. » Et moi de me récrier : « Oh ! n'ayez nulle crainte, ma mère, j'ai tellement l'habitude des malades... » Mais le trait est lancé. Un abcès... Je n'avais pas songé à cela. Mais alors, il faudrait intervenir... C'est peut-être trop tard... Et je reviens toute bouleversée par cette pensée.

Les petites amies vont repartir et emmènent Jojo qui a eu la Croix de classe ; c'est chose promise. Et voici que la grande sœur s'affecte : « Jojo s'en va... Il ne m'aime donc pas, puisqu'il est content de s'en aller ? » Je ne comprends pas... D'habitude elle si douce, si heureuse des joies de son frère... que signifie cette amertume ?... Ah, nul doute que la chère enfant est travaillée par le mal perfide... ses nerfs affaiblis ne peuvent plus réagir... Elle veut se raccrocher à la vie qui lui échappe ; elle a besoin de sentir auprès d'elle tous ceux qu'elle aime... Son corps est exténué, son âme est obscurcie ; elle ne vit plus que par le cœur, et toute séparation lui est un supplice. Cependant, la veille, ne m'a-t-elle pas dit encore : « Je vais mieux, maman ; je souffre moins ; je puis presque m'asseoir sans que cela me fasse mal. » Le mieux de la fin ; le terrible mirage auquel les plus avisés se laissent prendre !

L'après-midi, tandis que je suis auprès d'elle, soudain elle m'interroge : « C'est toi, maman, qui as dit à ces demoiselles que je voulais me faire religieuse? — Oh! non, ma chérie, tu sais bien que ces choses-là, je ne les dis à personne. — Mais alors, comment Jojo l'a-t-il su, puisque c'est lui qui le leur a dit? » Je lui explique que l'enfant a pu, sans le vouloir, surprendre une conversation et, sans malice, livrer le secret dont elle est si jalouse. « Parce que, maman, ajoute-t-elle, ce sont des choses, n'est-ce pas, qu'on ne dit pas... Aussi ai-je répondu : Je ne sais pas. On peut répondre cela, n'est-ce pas? Du reste, c'est bien vrai que je ne sais pas... on ne sait jamais, dis maman? » Touchée de cette conversation faite avec un sérieux sans apprêt : « Alors, tu penses toujours à te faire religieuse?... » Et avec un sourire : « Oh! oui... » Un moment après, je propose de prêter à son petit frère le carnet que je lui avais donné pour sa première communion. Mais elle y a marqué des choses personnelles. Il lui semble qu'un regard étranger profanerait l'humble recueil : Avec une moue significative : « Oh! maman. c'est trop intime, cela! » Et je l'approuve, ne sachant vraiment que penser d'une telle gravité de jugement dans cette enfant malade, affaiblie, mais dont la pensée reste lucide et fixée dans les hauteurs. Dans l'après-midi, elle a fabriqué en perles aux trois couleurs, un tout petit chapelet « qui serait tout à fait bien pour mettre aux mains de la Sainte Vierge de chez nous. » Je l'y ai placé depuis comme un souvenir et un symbole. Elle mêlait la France à ses sentiments pieux; n'avait-elle pas tout dernièrement enguirlandé de fleurs bleues, blanches et rouges le cher fanion du Sacré Cœur?

Tard dans la soirée, les docteurs consultants arrivent. Elle les accueille avec son perpétuel sourire... Examen du point malade, courte consultation, puis décision prise : « Demain matin, l'opération à huit heures : « Mais, ai-je objecté, si vite? Sans l'agrément du père... A peine sait-il l'enfant malade... — Pas d'hésitation possible... attendre serait peut-être trop tard... »

L'enfant ne sait rien, ne demande rien... Mais dans l'agitation involontaire qui l'entoure, l'inquiétude des regards, la nervosité des paroles où tremblent des sanglots, ne devine-t-elle pas quelque chose de grave... Moi, je pense au pauvre papa; pourra-t-il venir? Demain matin, un télégramme sera lancé; mais quand l'atteindra-t-il?

Le mot de la bonne religieuse me poursuit aussi. Je fais démarches sur démarches... Le lendemain, c'est la Fête-Dieu, les confessionnaux seront assiégés de monde; l'état n'est pas grave, me dit-on, on pourrait peut-être attendre? Mais si, pourtant le mal était plus profond qu'on ne pense... si l'opération devenait fatale. Cette enfant qui a faim de Jésus... L'amour maternel a de ces pressentiments. Je vais... je viens, je m'informe, tandis que mon cœur implore le Salut des infirmes. Il est neuf heures et demie du soir quand je reviens à la maison; j'ai obtenu gain de cause : « Tu as été bien longue, maman, me dit-elle avec un doux sourire de reproche. » Et maîtrisant mon émotion : « Mais aussi tu vas être bien heureuse. Petit Jésus va venir demain dans ton cœur; Il va venir ici même. » Elle reprend simplement : « Tu as été bien longue? »

Sûrement elle n'est pas sans deviner que quelque chose de grave se prépare; elle est trop avisée et trop instruite des pratiques religieuses pour ne pas le comprendre; mais elle n'en dit rien. Du reste, la faiblesse augmente. Elle me montre sa main avec un geste significatif : « Ma main s'engourdit. » Je la lui frotte doucement et son sourire revient : « Tu vas te coucher bien vite, dis, maman? — Oui, tout de suite, ma chérie! » Mon cœur bat à se rompre. Je ne sais quelle inspiration me presse. Il faut que moi, sa mère, je prépare cette âme à tous les sacrifices possibles, et cela sans lui parler de cette opération du lendemain... car elle me paraît bien faible, bien changée, bien nerveuse, en dépit de ses efforts pour rester douce et souriante... Chaque soin à prendre lui cause une souffrance nouvelle, chaque mouvement lui arrache une plainte; elle est exténuée et dans sa pauvre petite figure amaigrie, on ne voit plus que ses yeux brillants qui jettent des lueurs mystérieuses.

Je me suis étendue auprès d'elle. Et voici qu'elle m'étreint dans ses bras; elle n'a pas assez de caresses, de mots affectueux, pour m'exprimer sa tendresse... Je voudrais pourtant qu'elle repose, mais auparavant je lui parle de la visite de Jésus... Ensemble nous répétons l'acte de contrition et l'acte de charité. Mais le sommeil ne vient pas. Inconsciemment, elle s'agite... La glace qui fond maintenant avec une rapidité effrayante lui devient pesante : « Ma glace est lourde! » Des gémissements s'échappent de ses lèvres : « Tu souffres, ma mignonne? — Non, maman! » J'endure un vrai martyre. Mon regard l'interroge sans cesse... Une horrible pensée me torture : « Ira-t-elle jusqu'au matin? » Mais c'est folie de ma part. Je m'illusionne... Si j'appelle, je vais apeurer tout le monde sans raison ! Soudain elle se cache dans mes bras, prend mes deux mains et avec une expression enfantine que je n'oublierai jamais : « Câline à maman, murmure-t-elle; fifille n'a plus bobo quand elle fait câline à maman ! » et elle s'appesantit dans un sommeil trompeur.

Bientôt, nouvelle plainte; et maintenant, sa parole est du délire. Je l'interroge à nouveau. C'est passé, elle ne se souvient de rien...

Vers le matin elle repose un peu et de bonne heure, je m'apprête pour recevoir le Divin Visiteur. Au réveil, la chère petite malade a retrouvé son calme. Elle m'observe et le plus simplement du monde me dit : « Tu es mieux coiffée aujourd'hui qu'hier ! » Et je me reprends à espérer que mes appréhensions sont folies.

Malgré une soif ardente, elle n'a rien voulu prendre depuis minuit; je lui allègue que son état l'y autorise; elle le sait bien, mais ne consent pas à rompre le jeûne eucharistique... « Quand le petit Jésus sera venu, alors seulement tu me donneras à boire, dis maman? »

Il vient enfin. Elle l'accueille avec son indéfinissable sourire et s'entretient quelques instants seule avec le prêtre. Enfin, avec une émotion intense, je récite le *Confiteor*. Jésus s'approche, il repose sur ses lèvres... Il descend dans son cœur. L'Hostie se donne à l'Hostie. « *Dilectus meus mihi et ego illi qui pascitur inter lilia.* »

Je m'agenouille près d'elle : « Aujourd'hui, c'est maman qui va embrasser Jésus dans ton cœur, ma chérie, parce qu'elle ne pourra aller le chercher à l'église. » Son regard se pose sur moi interrogateur : « Dis avec moi : Mon Dieu, je veux tout ce que vous voulez. » Elle hésite; elle comprend que ces paroles sont **graves**. J'insiste doucement : « Tu ne veux pas tout ce que le Bon Dieu veut? — Oui maman! » Lentement, après moi, elle répète : Mon Dieu, je veux... tout ce que vous voulez. » Le sacrifice est fait. Mon cœur de mère est broyé, mais mon devoir est rempli. Et je continue : « S'il fallait pour te guérir, aller dans une autre maison, comme maman, l'an dernier, tu te souviens? » Elle comprend tout maintenant et une souffrance indicible se lit sur ses traits : « Avec maman! » Je lui explique qu'elle sera entourée, que j'irai tout le long du jour auprès d'elle, mais peut-être ne serai-je pas admise à veiller près d'elle la nuit... Difficilement, elle se résigne. Mais Jésus dont le cœur bat encore près du sien l'aide à boire le calice. Je lui parle encore et maintenant elle m'écoute... Je ne veux pas l'épouvanter avec le mot d'opération qui évoque tout un cortège troublant. Je lui explique que pour la soigner, il faudra l'endormir : « Tu feras bien tout ce qu'on te dira, n'est-ce pas ma mignonne, et en t'endormant, tu diras tout le temps : « Petit Jésus, je vous aime! » Je lui parle de son papa qui va venir : « Non, pas maintenant, dit-elle. » Malade, elle n'en jouirait pas. Je lui demande si sa conscience est bien en paix : « Tu sais bien maman, que je ne fais jamais de gros péchés. Si je me confesse, c'est pour avoir moins de péchés véniels! »

Ses mains s'engourdissent de plus en plus. La soif la dévore... le moindre mouvement la fatigue. Quel changement depuis hier; sûrement il est temps, grand temps.

La nature reprend un moment le dessus; son Jojo est parti hier; aujourd'hui, c'est elle qui doit partir. Son cœur en est meurtri : « Je n'aimerai plus personne », s'écrie-t-elle tout d'un coup. Sa tante et moi nous sourions de cette boutade. « Tu ne m'aimeras plus, lui dis-je? — Oh! oui! — Et moi? » dit sa tante. Alors, avec un regard malicieux : « Oui, un tout petit peu, comme cela, répond-elle en montrant son petit doigt. » La lutte est achevée. Elle a retrouvé le sourire qui ne la quittera plus : « C'est une belle âme », m'a dit le prêtre en se retirant tout à l'heure. Oui, l'œuvre divine est consommée. Jésus peut envoyer ses anges cueillir cette fleur du ciel.

CHAPITRE XII

La Fête-Dieu.

Le Reposoir. — « Requiescat in pace. » — Priez pour nous maintenant et à l'heure de notre mort. — « In paradisum deducant te Angeli ». — Dernier jour du mois de Marie. — « Credo ».

> « C'est qu'il y a bien longtemps
> « que je n'ai reçu le petit Jésus ! »
> (Paroles de MARIE-CLOTILDE
> l'avant-veille de sa mort, 28 mai
> 1918).

Parmi les chants et les lumières, les parfums de fleurs et d'encens, s'achèvent à cette heure les messes de la Fête-Dieu.

Elle repose toute blanche dans le grand lit qui lui servit d'autel... Sur elle, le Seigneur abaisse un regard de miséricorde, et il a pour agréable cette petite Hostie sans tache. Les mains de son Saint Ange l'ont portée sur l'Autel sublime en présence de la Divine Majesté... et tous ceux qui ont participé à son sacrifice, sont remplis des bénédictions et des grâces du Ciel.

L'Eglise chante :

Vous leur avez donné un pain du Ciel
Le Pain des Anges est devenu le Pain des enfants,
O salutaire Hostie qui nous ouvrez les portes du Ciel.

A chaque page de l'office de ce jour, se retrouvent les mêmes pensées ; il semble que, penchée sur ce lit funèbre, l'Eglise n'a que des cris de joie et des chants d'espérance... Petite Fiancée du Christ, affamée du Pain eucharistique, elle commence enfin l'éternelle Communion, objet de **ses** soupirs...

> Jésus, pardonne à mon audace,
> Mon cœur est altéré de toi.
> J'aspire au divin Face à Face,
> Au Ciel emporte-moi.
> J'ai soif de l'union éternelle.
> De tes chastes embrassements ;
> O mon Epoux, viens je t'appelle...
> Hâte-toi, Jésus, je t'attends.
> A la communion éternelle
> Ne puis-je aspirer à mon tour
> Pour vivre d'amour ?

Et maintenant, parmi les fleurs blanches, comme l'Hostie de ce jour sur son trône de gloire, repose en paix, chère enfant, sur l'humble reposoir que t'ont élevé ceux qui t'aiment...

Ton silence nous parle des joies du ciel... A travers tes paupières entr'ouvertes, nos yeux voilés de pleurs lisent les sublimes espérances. La Croix appuyée sur ta poitrine nous soutient dans notre immense douleur... le chapelet qui enlace tes mains nous invite à continuer le murmure de tes *Ave*. Ton sang lui-même, recueilli par les Anges, s'est mêlé au sang du Christ Rédempteur dans le calice du salut qui va racheter la France. Ici, comme là-bas, c'est la victoire qui s'achète...

Elle s'en est allée simplement comme elle avait vécu... A tous ceux qu'elle aimait prodiguant son joli sourire... A mesure que s'approchait l'heure du sacrifice, l'appréhension de l'inconnu, de ce « tout à l'heure » mystérieux qu'elle redoute, l'a reprise... Le visage est défait, les pieds glacés ne se réchauffent plus. Une dernière fois nous avons récité ensemble l'*Ave Maria*. Puis je l'ai embrassée en lui tendant ma médaille : « Tiens, embrasse la Sainte Vierge. » Elle l'a baisée pieusement. C'est tout. Quelques instants encore et Marie lui rendra ce baiser. Tout ce qui était humainement possible fut fait...

Paisible et docile, elle s'est laissée endormir en murmurant sans doute suivant ma recommandation : « Petit Jésus, je vous aime de tout mon cœur. »

Avec mille précautions, on l'a replacée sur son lit. Mais la respiration est irrégulière... Les soins les plus intelligents, les plus dévoués lui sont donnés... Un moment, l'espérance renaît : les lèvres se colorent, le regard vague fait lentement le tour de la chambre... Ne cherche-t-il pas sa maman? Mais c'est la Mère du Ciel, qu'elle a si souvent convoquée à sa dernière heure, qui recueillera son dernier soupir. Peut-être, ô douce Vierge, laissez-moi l'espérer, — peut-être à cet instant vous a-t-elle entrevue et sur cette vision son regard s'est à jamais reposé.

Par les yeux de mon âme, j'ai cru entrevoir ce qui dut se passer dans cette chambre devenue le vestibule du Ciel... Jésus est là, appuyé sur sa Croix; il porte un livre ouvert, car à cette heure, l'Ami, l'Epoux doit être le Juge... Mais rien de sévère dans son regard... Marie s'est approchée tout près de la mourante... Elle lui a souri... et de la frêle enveloppe, l'âme s'est échappée sans effort.

pour tomber dans les bras maternels. Le regard surpris, presqu'effrayé s'est tourné vers Jésus. Mais cet effroi n'est qu'un éclair : car ce livre aux feuilles immaculées porte en caractères lumineux les efforts, les souffrances, les sacrifices offerts à Dieu dans cette courte vie et des centaines de pages sont marquées du sceau eucharistique de ses communions... La Croix : mais n'a-t-elle pas été tracée sur elle, dès sa naissance, par son père?... Et qui dira le sillon profond creusé dans cette âme par ses nombreux et attentifs Signes de Croix...

Enfin, ce Jésus, c'est l'Ami qui lui parlait ce langage du Ciel qu'elle comprenait si bien... C'est le divin Fiancé qu'elle a rêvé de servir dans les pauvres et les enfants... C'est le « Petit Jésus » qu'elle aime tant... Elle le reconnaît, et dans un transport d'amour, elle court vers Lui et se blottit près de son Cœur. Les Anges ont repris leur cantique :

Qui montera à la montagne du Seigneur?...

Celui dont les mains sont innocentes et le cœur pur...

Voici la Vierge sage que le Seigneur a trouvée veillant...

Elle est belle entre toutes les filles de Jérusalem...

Venez, Epouse du Christ; recevez la couronne que le Seigneur vous a préparée... Dans votre gloire et votre beauté, triomphez et régnez...

Et à son tour, la nouvelle élue entonne l'hymne de reconnaissance :

Je m'approcherai de l'autel de Dieu, du Dieu qui réjouit ma jeunesse...

Le roi m'a aimée et m'a fait entrer dans sa maison ..

Mon âme a été arrachée comme un passereau du

filet des chasseurs, le filet a été rompu et j'ai été délivrée...

Magnificat anima mea Dominum...

Il a jeté les yeux sur la bassesse de sa servante... Et le Tout-Puissant a fait en moi de grandes choses...

. . . .

...Il m'a été permis de m'approcher du lit funèbre... Ma petite !... Elle est donc partie sans moi ! Je n'entendrai plus sa douce voix me dire : « Maman ! » Je ne verrai plus son regard m'affirmer sa tendresse... Mais déjà sa bienfaisante action se fait sentir; il n'y aura pas de révolte dans le cœur de sa maman. Au pied du lit, comme le prêtre à l'autel, j'ai dit : « Père, je vous offre mon enfant... » J'ai répété l'Ave Maria de sa dernière prière, et faisant écho aux chants du ciel, mon *De Profundis* s'est achevé dans le *Magnificat*...

Elle avait écrit à son petit frère, durant sa dernière absence : « Surtout, soigne bien notre mois de Marie. » Et voici qu'en ce dernier jour du mois de mai, les fleurs blanches ont remplacé sur sa couche les myosotis bleus de l'autel de la Sainte Vierge. La statue de Notre-Dame est maintenant placée sur son cercueil, avec le fanion du Sacré-Cœur qu'elle a tant aimé. Les bougies multicolores sont remplacées par les cierges liturgiques. Le murmure des prières prolonge seul l'écho des joyeux cantiques... Le cortège est restreint qui l'accompagne, en ce 31 mai, au champ du grand repos. Tout a été si rapide, si imprévu; les communications sont si difficiles en ce moment d'offensive. Le pauvre père lui-même, n'arrivera des bords de la Meuse que trois jours après, ignorant encore l'affreuse nouvelle... Seule, celle qui nous servit d'ange gardien dans notre exil me soutint dans la douloureuse épreuve et son cœur délicat se fondit dans les mêmes larmes... Quelques fidèles amis nous accompagnèrent et une longue procession de prêtres précéda l'humble cortège de cette fleur eucharistique.

Elle dort maintenant dans un humble cimetière de campagne... Un entourage très simple, comme elle les aimait « car la Croix du Bon Jésus n'avait pas d'ornements quand il y mourut... » et surtout beaucoup de blancheur. Là, elle attend la résurrection promise par Celui qui disait à Marthe : « Je suis la Résurrection et la Vie ; celui « qui croit en Moi, fût-il mort, vivra ; celui qui vit « et qui croit en Moi, ne mourra pas pour tou- « jours. Celui qui mange ma chair et qui boit mon « sang a la vie éternelle et je le ressusciterai au « dernier jour. »

Et il me semble entendre le Divin Maître nous interroger : « Le croyez-vous? — Oui, Seigneur, nous le croyons... Nous croyons en Vous, nous croyons en votre amour, en votre miséricorde, en vos promesses. Nous croyons à la Résurrection de la chair, à la vie éternelle. »

Ainsi soit-il !...

ÉPILOGUE

Parfums d'encens.

**Témoignages de la terre. — Témoignages du Ciel.
Ange de Paix.**

> « Arrivée en peu de temps à la
> « perfection, elle a fourni une lon-
> « gue carrière... C'est pourquoi
> « Dieu s'est hâté de la retirer de
> « ce monde. »
>
> (Extrait de l'Office de saint Sta-
> nislas Kotska.)

Tout naturellement, cette parole monta à mes lèvres, lorsque, dans l'apaisement recueilli des jours qui suivent les grandes épreuves, mon âme essaya de grouper ces impressions...

Du reste, c'est de toutes parts que s'élève un concert de louanges à l'adresse de l'enfant d'hier, de l'élue d'aujourd'hui, dont l'influence pénètre les âmes... Car l'ombre s'est à peine étendue sur cette aurore fugitive, que de la terre où elle s'est couchée monte un nuage d'encens... C'est je ne sais quel mystérieux réveil des cœurs, quelle attirance nouvelle vers Jésus-Hostie dont elle a été le ciboire vivant... Et des paroles bien consolantes me sont murmurées...

« J'ai promis à Marie-Clotilde de communier plus souvent pour la remplacer. »

Une autre : « J'aurais été si heureuse de communier auprès d'elle... »

Le prêtre tout ému qui l'a assistée le matin : « Je n'oublierai jamais sa figure reposée, souriante... C'était une prédestinée ! »

Et jusqu'au docteur, pourtant rompu au voisinage des malades : « Elle m'a trompé par son sourire ! »

C'est quelque chose de pacifique qui passe dans les cœurs pour les unir plus fortement... Son souvenir fait tomber d'anciens malentendus... Il semble que ces choses troubleraient la grande paix dont elle jouit et qu'elle laisse rayonner jusqu'à nous. Durant le triste office des morts, n'est-ce pas elle encore qui m'apportait un calme ineffable chaque fois que se récitait le *Pater* qu'elle aimait tant. De partout arrivent de touchants témoignages...

C'est sa directrice d'école, qui me dit le chagrin de ses compagnes : « Nous la sentions bien supérieure à toutes les autres... Nous la considérions comme une petite sainte... »

Une autre : « Ayant vécu pendant ces derniers mois avec Marie-Clotilde, j'ai pu apprécier ses qualités qui faisaient d'elle une très gentille enfant. C'est une de ces pures victimes que le Bon Dieu se choisit et à qui Il veut éviter les souffrances et les peines dont est traversée l'existence. »

— « Vous avez maintenant une protectrice dans le ciel, et les soins affectueux dont elle vous entourait ici-bas, elle les continuera d'une autre façon et plus puissamment, là-haut. »

— « Notre-Seigneur, m'écrit-on, a voulu mettre bien vite dans son ciel, cette belle petite âme, trop pure pour la terre... »

— « Je suis certaine que la bonne Mère du ciel a ouvert tout grands son cœur et ses bras pour recevoir cette petite fleur du Paradis... et qu'Elle lui aura donné une belle place tout près d'Elle... C'est là que j'aime à la voir, dans un bonheur parfait, chantant le cantique de l'union béatifique. »

— « Et encore : « Ce n'est pas votre chère petite Marie-Clotilde que je plains... La très Sainte Vierge, à laquelle vous l'aviez donnée si sincèrement, l'a cueillie un peu trop vite; mais, sans aucun doute, pour la rendre de suite bienheureuse. »

— Une personne dévouée qui aimait beaucoup mes chers petits : « Le Sacré-Cœur prend les petites âmes innocentes pour racheter les autres et orner son paradis. Ici, toutes les personnes qui l'ont connue regrettent la chère petite si douce et si dévouée à son frère. »

— Une de mes amies ne se console pas de son éloignement à cette heure douloureuse. Elle ajoute : « Je n'oublie pas dans mes prières la pauvre Lolotte (nom familier de Marie-Clotilde). Elle doit être au ciel; je ne la vois que là, quand je pense à elle. »

— De nos amis de Boulogne : « Nous gardons l'impression de sa sagesse : tout ce que sa maman voulait, désirait. »

— Un prêtre qui l'a bien connue : « Je ne parle pas de prier pour votre cher ange : je serais plutôt disposé à la prier moi-même de nous donner du courage et d'intercéder pour nous auprès du Bon Dieu. »

— Un autre se rappelle l'avoir bien souvent communiée de sa main : « Si Marie-Clotilde voulait bien prier un peu pour moi ! Je sais bien qu'elle le fait... » Et encore : « Mourir ainsi, c'est beau, et je me demande ce qui lui reste à faire en Purgatoire. »

— Enfin, c'est celui qui s'appelait lui-même son « Papa spirituel » et qui ne s'habitue pas à la savoir disparue : « J'avais été si bouleversé, en apprenant la mort de la chère mignonne, que vraiment je ne savais plus que dire; son souvenir me suivait partout. Vous avez désormais une petite âme de plus dans le sein de Dieu, près de la Sainte Vierge. Nous prierons pour elle; nous ne connaissons pas les secrets du Bon Dieu; mais surtout, nous la prierons pour nous, n'est-ce pas? Je le fais déjà pour moi et lui demande, en retour de l'affection que j'avais pour elle, d'être mon avocate auprès du Bon Dieu et de sa Sainte Mère. »

Elle est déjà belle, la couronne qu'on lui tresse sur la terre; mais il faut qu'elle s'auréole de reflets du ciel et voici que sa douce influence se révèle de part et d'autre.

— « Je prie souvent votre petite Lolotte; j'ai quelquefois des entretiens avec elle; il me semble qu'elle est près de moi alors, et qu'elle m'écoute en souriant. Je lui recommande mes enfants, la maison; ne croyez-vous pas qu'elle nous protègera? Elle ne peut oublier que nous étions heureux de lui faire plaisir. »

— Une autre amie me fait la confidence que, depuis plusieurs mois déjà, elle a eu le pressentiment que cette enfant ne resterait pas longtemps sur la terre.

— Une de ses tantes m'écrit : « La Providence a mûri cette enfant; elle m'avait frappée l'an dernier par sa perfection... Nous prions pour elle; matin et soir, nous demandons à la Sainte Vierge de l'accueillir au Ciel, si elle n'y est déjà; avec une petite âme si délicate, une personnalité déjà, il y a des imperfections qui lui seront imputées beaucoup plus qu'à une autre... Elle est pour nous tous une protectrice. Depuis son départ pour le Ciel, nous avons touché du doigt les résultats effectifs de sa protection » (2 août 1918).

Ce que nous ressentons indubitablement, c'est une influence protectrice « une impulsion nouvelle pour le bien », comme une main invisible qui nous guide et veille sur nous, comparable, au point de vue spirituel, à l'influence des bons anges. »

Si la discrétion ne me retenait, que de choses je pourrais dire sur cette attirance invisible mais invincible qu'elle semble exercer pour amener les âmes au banquet eucharistique... Des tranchées elles-mêmes m'arrivèrent de semblables témoignages. Jusqu'au bout, elle a offert ses souffrances pour convertir les pauvres soldats et voici que la moisson est abondante.

« Un mouvement de grâce se constate ici,
« m'écrit un aumônier militaire. Les consécra-
« tions au Sacré-Cœur se multiplient. Remerciez
« le Sacré-Cœur, Marie et la petite victime. Je
« suis émerveillé du mouvement de grâces : com-
« munions, consécrations, retours, augmentent
« chaque jour... L'œuvre du Bon Dieu continue à
« se faire ici. Dites merci à Marie-Clotilde. — Ce
« matin, la bonne Mère a voulu marquer sa fête
« par quelques retours, l'un datant de la pre-

« mière communion. Merci à Elle, à Marie-Clo-
« tilde. »

En présence de pareils témoignages, les larmes
doivent-elles continuer à couler? Et, parents chrétiens, ne devons-nous pas élever nos cœurs et remercier Celui qui s'est choisi à notre foyer une
épouse, une apôtre, une élue?...

Je termine par cette lettre significative, vraiment inspirée par quelque chose de plus qu'une
banale sympathie et qui résume, je crois, tout
ce qu'on peut dire de notre enfant bien-aimée.
Celle qui l'a écrite eut, pendant plusieurs mois,
l'occasion de fréquenter la chère petite, à l'aller
et au retour de ses classes; sa nièce, Marie, était
compagne de Marie-Clotilde.

« CHÈRE MADAME,

« J'ai été stupéfaite en apprenant votre nou-
« velle et si grande épreuve et je l'ai partagée
« avec toute l'affection que j'avais pour vous de-
« puis que je nous savais sœurs par l'éducation
« du Sacré-Cœur. Cependant, votre petite Marie-
« Clotilde répandait autour d'elle une telle im-
« pression de pureté, de simplicité d'âme, de gé-
« nérosité, que je ne suis pas étonnée qu'elle ait
« déjà gagné son Paradis. — Je n'ai pas de faits
« à signaler dans nos rapports, qui étaient trop
« courts pour moi quand je l'accompagnais en
« sortant du Pensionnat; mais tout son ensemble
« me faisait regretter alors que ma petite nièce
« ne puisse la voir plus intimement. Marie se sen-
« tait attirée vers elle avant tout autre compa-
« gne et ne pouvait que gagner beaucoup avec
« une si bonne petite amie. Je l'ai admirée com-

« bien de fois, cet hiver, ne manquant jamais la
« messe, dans le noir, malgré ses engelures qui la
« faisaient saigner quand elle enlevait ses gants.
« Elle souffrait de l'éparpillement momentané de
« votre petit nid, que j'avais deviné si chaud,
« quand j'étais allée vous voir; de votre absence
« prolongée... Et pourtant son particulier sou-
« rire ne la quittait pas, parce que — votre cœur
« maternel a trouvé la raison — Jésus rayonnait
« en elle et rayonnera de plus en plus. Je vous
« avoue, chère Madame, que je me suis deman-
« dée plus d'une fois comment cette enfant s'ac-
« commoderait de la vie de cette terre. Jésus l'a
« prévu. Il est venu chercher la petite privilégiée
« de son Cœur. Qu'il daigne payer au centuple
« aux parents, par sa grâce, le Trésor qu'ils lui
« ont rendu. Pour mon compte, je confie à l'Ange
« qu'est maintenant Marie-Clotilde, l'œuvre que
« j'ai entreprise pour les fillettes de son âge. Je
« suis certaine que son aide ne me fera pas dé-
« faut.

« 4 juillet 1918 ».

Me sera-t-il permis d'ajouter que l'enfant qui
a tant aimé sa Maman du Ciel et celle de la terre
semble exercer une protection spéciale sur les
Mères de famille qui ont recours à elle?

Puisse son influence pacifique s'étendre sur
tous ceux qu'elle a aimés, sur la France comme
à l'intime des foyers et des cœurs!

Donnez-nous des Anges de Paix!
O Marie, Reine de la Paix!
O Jésus, Prince de la Paix!

Laudate pueri Dominum !...

TABLE DES MATIÈRES

Chapitre IV
La Sève.

Chapitre V
Le travail divin.

Chapitre VI
Au grand soleil.

Chapitre VII
Douce rosée.

Chapitre VIII
Les ouvriers du père de famille.

Chapitre IX

Cent pour un.

Chapitre X

Vers l'Autel.

Chapitre XI

Hostia pro Hostia !

Chapitre XII

La Fête-Dieu.

Epilogue.

J. FOURNIER, R. CONSTANTINE, TOULOUSE.

9 782329 561264